Kio y Gus

EDICIONES UNIVERSIDAD CATÓLICA DE CHILE
Vicerrectoría de Comunicaciones
Av. Libertador Bernardo O'Higgins 390, Santiago, Chile
editorialedicionesuc@uc.cl
www.ediciones.uc.cl

Kio y Gus
Ana María Vicuña Navarro y Celso López Saavedra

© Inscripción N° 282.181
Derechos reservados
Diciembre 2017
ISBN N° 978-956-14-2138-7

Diseño: Francisca Galilea
Impresor: Imprenta Salesianos S.A.

CIP-Pontificia Universidad Católica de Chile
Lipman, Matthew, autor.
 Kio y Gus / Matthew Lipman; traducción de Celso
López y Ana María Vicuña.
 1. Niños y filosofía.
 2. Filosofía - Enseñanza Básica.
 I. t.
 2017   372.81 + DDC23   RDA

Kio y Gus

Matthew Lipman

Traducción de Celso López
y Ana María Vicuña

EDICIONES UC

CONTENIDO

Introducción 9
Capítulo Primero 11
Capítulo Segundo 17
Capítulo Tercero 23
Capítulo Cuarto 31
Capítulo Quinto 39
Capítulo Sexto 45
Capítulo Séptimo 55
Capítulo Octavo 63
Capítulo Noveno 71
Capítulo Décimo 81

INTRODUCCIÓN

¿En serio? ¿*Realmente* quieres saber lo que hice el verano pasado? Muy bien, te lo diré. Fue algo estupendo. Fue el verano de la granja y de todos los animales. Fue el verano de la gran ballena: de la *maravillosa* ballena del abuelo, llamada Leviatán. ¿Sabes algo acerca de las ballenas? Yo no sabía nada. Quiero decir que, antes de este verano, ni siquiera había *pensado* en las ballenas. ¡Ah sí! Y también fue el verano de la casa embrujada junto al lago. La idea de una casa embrujada, ¿es una idea que da miedo? Así pensaba yo, pero eso fue antes de que visitáramos la casa embrujada junto al lago ¡en medio de la noche! ¿Qué más sucedió el verano pasado? Déjame pensar. Ah, ya sé, fue en el verano pasado que conocí a Gus. Espera un poco: Gus quiere decir algo.

—¡Kio! Tú no dijiste que era *nuestra* historia y que *tú* vas a contarla un rato y *yo* voy a contarla otro rato. Voy a contar cómo juego a ser Rorro, el gato de Kio, y cómo hago como si fuera una luciérnaga o un topo o un murciélago. ¿Te has preguntado *tú* alguna vez cómo sería ser un murciélago? Yo no puedo evitar preguntarme cómo sería ser Leviatán. O ser el abuelo de Kio. Y hasta me pregunto si alguien se ha preguntado alguna vez cómo sería entenderlo todo. Yo sé que *a mí* no me gustaría, porque ¿qué quedaría entonces por preguntarse?

CAPÍTULO PRIMERO

I

—Kio —me dice Gus—, ¿dónde está Rorro? Rorro es mi gato.
—No sé —digo—. A lo mejor está escondido en alguna parte.
—¿Por qué está escondido? ¿Hizo algo malo?
—No —respondo—. Está jugando no más. Juega solito de esa manera.

Gus es mi vecina. Su nombre verdadero es Agustina. Ella odia ese nombre. Su madre la llama Gusi. A ella tampoco le gusta ese nombre. Su padre la llama Gus. Ese es el nombre que a ella le gusta. Su padre es muy alto, mucho más alto que mi padre. Cuando él llega a casa por la tarde, Gus se vuelve hacia él y le dice: "¡Hoooola papi!" y él la mira desde allá arriba, pero *muy* arriba, y le dice, con su voz profunda, "¡Hola Gus!".

Gus se revuelca en el piso y hace como si estuviera afilándose las garras en la alfombra. —Miaaaau —gruñe—. Yo soy Rorro.

—Rorro —digo—, ¿dónde has estado?
—Miau —dice Gus—, he estado debajo del sofá.
—Tú pareces ser un animal bien raro —le digo—. ¡Qué cara tienes, toda cubierta de pelos! ¡Y esa cola que se para derechita cuando caminas! ¡Y caminas en cuatro patas al mismo tiempo! De veras, Rorro, eso es tan tonto de tu parte.
Gus dice: —¡El que es realmente tonto eres *tú*! Tú tienes pura piel en la cara ¿qué podría ser más tonto que eso? ¡Y no

tienes cola! ¿Cómo puede ser que no tengas cola? Solamente las cosas con cola pueden sentirse orgullosas. ¿Qué tienes *tú* de lo que puedas sentirte orgulloso?

—Mucho —digo—. ¡Mira como me paro derechito! *Tú* necesitas caminar en cuatro patas, y *yo* solamente camino en dos.

—¡Tremenda cosa! —dice Gus—. ¡Tú solo *tienes* dos patas!

Le digo a Gus —Tú dices que solo las cosas con cola pueden estar orgullosas. Pero eso no es verdad. No tienes que tener una cola para estar orgulloso de lo que eres. Las personas pueden estar tan orgullosas como los gatos.

Pero lo único que Gus responde es —Los pavos reales tienen cola y son orgullosos. Los gatos tienen cola y son orgullosos. Tú no eres un pavo real. Tú no eres un gato. Y tú no tienes cola, ¡así es que tú no puedes estar orgulloso! ¡Miaaaauu!

II

Estoy pasando las vacaciones de verano aquí en la granja, con mi abuela y mi abuelo. Y con mi hermana, Suki. Mi papá tuvo que irse a Japón en viaje de negocios —hace muebles—. Gus vive en la casa de al lado de la granja. Tiene un caballo que se llama Tchaikovsky.

Mi abuelo se parece a Arturo Prat. Está sentado en su silla mecedora (mi abuelo, digo, no Arturo Prat). La mecedora tiene el chal de mi abuela colgando en el respaldo. Siempre me pregunto por qué la silla usa el chal en vez de ella. Me encaramo a la falda de mi abuelo y miro sus manos. ¡Tiene manos tan grandes! ¡Y la piel de la palma de sus manos es muy dura! Me imagino que eso es lo que pasa cuando uno trabaja duro como él.

CAPÍTULO PRIMERO

—Abuelo —le digo—, cuéntame algo de cuando eras marinero.

—No puedo recordar —dice—. Eso fue hace mucho tiempo.

—Seguro que puedes recordar, tata —insisto—. Si tú quieres, puedes.

Él dice —Fue hace tanto tiempo, que parece que le sucedió a otra persona.

—¿Qué fue eso que parece que le sucedió a otra persona?

—¿Por qué tengo que contarte la historia de otra persona? —me dice.

—¡Tata, *por favor*!

Mi abuelo me mira con el ceño fruncido. Luego suspira y dice: —Íbamos navegando desde Valparaíso a Bombay, bordeando la costa de África. Eran las últimas horas de la tarde y estábamos tan cerca de la costa que podía ver los árboles y la playa. La luz del sol hacía brillar la arena como si estuviera mezclada con oro. Y entonces fue cuando vi a los leones.

—¿Los leones?

—Claro, leones. Eran leones adultos, pero jugaban en la playa como si fueran gatitos, revolcándose sobre sus espaldas, luchando entre sí, agazapándose, saltando y haciendo como si se mordieran y arañaran unos a otros.

Yo interrumpo —¡Ojalá que Rorro hubiera podido jugar con ellos! Aquí en la granja no tiene ningún amigo. Lo único que hace es perseguir a los pájaros.

—Los leones tenían ojos dorados y melenas doradas y pompones dorados en la punta de sus colas —dice mi abuelo—. Eso es lo que vimos desde el barco.

—Y entonces, ¿qué pasó? —pregunto—. ¿No pasó nada más?

—No —dice mi abuelo, sonriendo con un lado de la boca, el lado que le funciona mejor—. Ese es el fin de mi cuento. ¡Y ya es hora de que te vayas a la cama!

—No puedo irme a la cama sin decirle buenas noches a Rorro, y no sé dónde está.

—Tú no *tienes que* decirle buenas noches a Rorro —dice mi abuelo—. Solo ándate a la cama.

Los ojos comienzan a llenárseme de lágrimas. En ese momento mi abuela viene desde la cocina sosteniendo a Rorro por debajo de las patas delanteras. Sus patas traseras cuelgan. —Aquí está tu gato, Kio —me dice—. Estaba tratando de robarse el quesillo de nuevo.

Beso a Rorro y refriego mi cara contra la suya. —Buenas noches, Rorro —digo—. Pórtate bien—. Rorro ronronea. Subo las escaleras corriendo rumbo a mi cama. Luego bajo, nuevamente corriendo. —Buenas noches, abuela. Buenas noches, abuelo.

—Dulces sueños —dice mi abuela.

—Ya sé lo que voy a soñar —le digo—. Leones en la playa, con un sol dorado y árboles dorados y arena dorada en la playa. Solamente el agua es diferente. Es verde y un poquito azul, como los ojos de Rorro. Los leones estarán revolcándose en la arena y...—

Mi abuelo gruñe —¡Ándate a la cama!— y yo corro escaleras arriba con Rorro.

III

Suki tiene dieciséis años. Yo tengo siete. Mi papá se llama Li y mi mamá se llama Esperanza. Solo que no tengo madre.

IV

Estoy en la tina de baño. Es de esas tinas grandes, antiguas, que tienen cuatro patas. Pero esas patas no tienen rodillas, así es que me imagino que son solo patas. Se ven iguales a las patas de los leones. ¿Tiene patas tu tina de baño?

El agua está terriblemente caliente. El cuarto está lleno de vapor. Dejo el agua corriendo. La tina se llena hasta el hoyito por donde entra el agua cuando se rebalsa. Me gusta el gorgoteo que hace mientras corre por ese agujero (¿*entra* el agua por el hoyito o *sale* por el hoyito?).

Me aprieto la nariz y me sumerjo bajo el agua. Ahora el gorgoteo suena mucho más fuerte. Todo suena más fuerte bajo el agua. Me imagino que el agua hace con los sonidos lo mismo que la lupa de la abuela hace con las palabras que lee.

Soy un submarino. Voy avanzando bajo el Polo Sur. Lentamente. Cuidadosamente. ¡Cuidado, un iceberg adelante! ¡Casi lo chocamos! ¡Pero ahora estamos atrapados en el hielo! Tendremos que abrirnos camino. Cuidado ahora, hombres. Cuidado –un poco más a la izquierda–. ¡Eso es! ¡perfecto! Ahora podemos subir a la superficie. Gracias, capitán.

Estoy flotando de espaldas. Soy una isla en el océano. Estoy completamente rodeado de agua. Hasta el aire está brumoso.

El vapor es agua. El hielo es agua. El agua es agua. Todo está hecho de agua.

Soy un pez. Mi hermana es un pez. Mi padre es un pez. Mi madre era –es un pez.

Me hundo hasta el fondo del océano. Descanso en la arena. Me revuelco en la arena. Soy un pez en la arena. Granos de arena. Granos de oro. Soy un pez en la arena dorada.

Todo está mojado. En todo el mundo, en el mundo entero, entero, solo hay agua, nada más que agua.

Me jabono. Soy una foca resbaladiza. Trato de balancear la barra de jabón sobre mi nariz. Siempre se me resbala.

Odio los pedacitos sobrantes de jabón. A las barras de jabón deberían hacerlas huecas, así no sobraría nada.

Dejo salir el agua de la tina y me froto con una toalla para secarme. ¡Qué rico se siente! Pienso en Tchaikovsky. Me gusta ayudar a frotarlo.

No voy a pensar en la casa a orillas del lago. Los niños que viven en la granja de al lado me contaron todo sobre ella. Alguien camina allí por la buhardilla de noche, haciendo ruido y gimiendo. *¡No voy a pensar* en eso!

Voy a pensar un poco más en Tchaikovsky, cómo me acaricia con el hocico cuando le palmoteo la nariz, y lo feliz que se pone cuando corre por el corral. A veces corre tan rápido que ninguna de sus patas toca el suelo, casi como si estuviera volando. Me pregunto si alguna vez podría existir algo así como un caballo que vuela. ¿De qué tamaño tendrían que ser sus alas? Si Tchaikovsky tuviera alas, ¿se atrevería alguien a montarlo? ¡Oye, qué cabalgata sería esa!

CAPÍTULO SEGUNDO

I

—Mamá —digo—, ¿hay personas que pueden oír mejor que otras?

—Sí, Gusi —dice mi mamá.

—¿Y hay personas que no pueden oír absolutamente nada? —pregunto.

—Me temo que sí.

—Yo oigo bien, ¿no es cierto mamá?

—¡Ah, sí, muy bien! Muchas veces tú escuchas cosas que *yo* no alcanzo a escuchar—. Mi mamá se agacha y me da un beso de buenas noches. —Ahora te tienes que dormir.

No estoy lista para dormirme todavía. —Mis sentidos del tacto, del olfato y del gusto son buenos también, ¿verdad?

—¡Claro que sí, mi amor! ¡Todas esas cosas las haces muy bien! Hay personas que no pueden sentir las cosas tan bien como tú.

—Aparte de ver, mamá, ¿hay alguna otra cosa que yo no pueda hacer?

—No, Gusi.

—Mamá, ¿hay algunas cosas para las que soy realmente buena?

—A ver, déjame pensar. Te portas bien y piensas bien. Creo que lo que tendría que decirte es que eres simplemente una niña preciosa.

—¿Todas las mamás les dicen a sus hijos que son preciosos, mamá?

—Supongo que sí.

—¡Oh!

—¿Qué te sucede?

—Entonces, ¿tú me lo dirías aunque yo no fuera bonita?

—¡No, Gusi, no! ¡Eso no es verdad!

—*Es* verdad. ¡Y *no es justo*! ¡Tú sabes que no puedo ver por mí misma cómo me veo!

—Si no me crees *a mí*, Gusi —dice mi mamá—, ¿a quién *sí* le *creerías*?

No le contesto, porque puedo sentir que mis lágrimas comienzan a inundar mis ojos y no quiero empezar a llorar.

—¿Le creerías al papá?

Le digo —Si todas las mamás les dicen a sus hijos que se ven bonitos, entonces todos los papás también lo hacen. Así que, ¿qué sacaría con que el papá también me lo dijera?

—Bueno, Gusi, ¿existe *alguien* a quien le creerías?

Hago pucheros y no contesto.

—Gusi, por favor, dime, ya que parece que significa tanto para ti: ¿a quién le *creerías*?

—A Kio, tal vez —murmuro.

—¡Kio! —dice mi mamá. Su voz suena un tanto sorprendida.

—Así es —digo—. Quizás si Kio me lo dijera, yo le creería.

Mi mamá me acaricia la cabeza y dice, —Siempre trato de decirte la verdad, Gusi.

—Pero, ¿para qué sirve eso, si no es la verdad *real*?

Mi mamá trata de abrazarme, pero no la dejo. Escondo mi cara en la almohada.

II

—Papi —digo, después de saltar sobre sus rodillas—. ¿Soy bonita?—Tú sabes que pienso que eres la cosa más preciosa del mundo —dice mi papá—. Y eres tan hermosa como preciosa. Así que ahora, dime: ¿qué tan linda pienso que te ves?

—¡Ay, papi! —le digo—, no me molestes con todas esas palabras. —Como no dice nada, lo sacudo un poco y le digo: —¡Papi, no contestaste mi pregunta!

—¿Cuál es el mejor postre en el que puedes pensar? —me pregunta.

—¿El mejor? ¿Absolutamente el mejor postre? Una copa de helado con salsa de chocolate y crema y todo lo demás.

—Bueno, tú te ves como el gusto de esa copa de helado.

Sonrío. —¿Qué más? —pregunto—. ¡Dime! ¿qué más? *¡Dime!* —lo sacudo por los hombros.

—De todos los olores del mundo, ¿cuál es tu preferido? Y no me digas que es el olor de la bencina o el olor del detergente.

Me río. —No, papi, pero tampoco es el de una flor. Es el perfume que mi mamá se pone detrás de las orejas cuando tú y ella salen juntos.

—Bien —dice mi papá—, tú te ves como huele el perfume de la mamá. Y ya que te gusta tanto la música, dime una cosa más: ¿cuál es la música más linda de todas?

Por un buen rato pienso en eso y luego digo —La música que la mamá me canta para hacerme dormir, como lo hace algunas veces. Cada nota que canta es siempre tan simple, redonda y clara.

—Es cierto —dice mi papá—, y así es exactamente como tú te ves, tal como se siente la voz de la mamá cuando te canta para hacerte dormir. Así es tu cara: simple, clara y redonda.

—Papi —le pregunto—, ¿crees que Kio podría decirme cómo me veo?

—No sé. Pero, tal vez, no deberías preguntarle.

Pongo mi cabeza sobre su hombro y digo —¡eso lo *sé*, no soy *tonta*!

III

—Kio —digo—, mis papás me consiguieron un poco de greda de verdad. Ya hice un gato, como Rorro. ¿Quieres un poco de greda?

—Claro— dice Kio. Lo llevo a mi pieza y le doy mi gato de greda. —¡Haz algo tú!— le digo.

—¿Qué podría hacer? —dice él—. ¡Ya sé, voy a hacer un durazno!—. Amasa un poco de greda en sus manos hasta hacer una pelota y me la da. —¡Ahí tienes —dice—, un durazno!

—¡Qué tontería! —le digo—. Mira, déjame mostrarte—. Tomo un pedazo de greda y la convierto en una bolita. —Ese es el cuesco —le digo. Luego agrego más greda alrededor de la bolita. —Esa es la parte que se come —explico. Y después envuelvo todo con otra capa de greda. —Esa es la cáscara.

—Lo único que yo veo es la cáscara —dice Kio.

—Claro, tal vez eso es todo lo que tú *ves* —le digo—, pero tú sabes que lo que *yo* hice es realmente como un durazno y el *tuyo* no lo es. ¡El mío es un durazno completo, desde el cuesco hasta la cáscara!

Por un momento, Kio no contesta. Luego, me da más greda y dice —haz una cabeza.

Así que la hago, y se la explico mientras trabajo. —Mira, primero hago la parte interior de la garganta y de la boca. Después pongo la lengua. Entonces agrego los dientes, sobre las encías. Luego pongo los labios sobre los dientes. Luego pongo la parte de arriba de la cabeza, empujo la nariz desde adentro hacia afuera, y hago los ojos con mis uñas. Después agrego el pelo, y ahí la tienes.

—Yo empiezo desde afuera y tú empiezas desde adentro —me dice.

—Sí, ¡pero tú no *llegas* nunca adentro! ¡Solo te quedas afuera! ¡*Esa* no es la manera de hacer una cabeza!

—Es la única manera que conozco —dice Kio.

—*Era* la única manera que conocías —le contesto—. Ahora conoces *dos* maneras.

IV

Kio me cuenta la historia que su abuelo le contó sobre los leones en la playa. —No entiendo lo del color dorado —le digo.

—Dorado —dice Kio—. Es como... es como amarillo.

—No entiendo tampoco lo del amarillo.

—¡Ay! Tienes razón. Bueno, déjame pensar. Tú sabes cómo es el sabor de la miel, ¿no?

—Sí.

—Bueno, la miel se ve igual como su sabor: el sabor de la miel es como el color dorado.

—¡Oh! —exclamo. Luego le digo a Kio —¡yo sé de dónde viene la miel!

—¿Y quién no sabe eso? Viene de las abejas.

—No. No es así. Viene del pasto miel.

Kio trata de discutir conmigo, así es que lo llevo al patio de atrás donde se llega al potrero en que tenemos el pasto miel. Le muestro cómo, si uno muerde la parte de atrás del tallo, puede chupar el líquido dulce que se encuentra adentro.

–¡Ah, por eso se llama "pasto miel"! Yo no sabía eso –dice Kio.

Estoy a punto de decir "hay muchas cosas que tú no sabes, Kio", pero solo digo –¿quién puede saberlo todo?

Vamos al establo. ¡El olor del heno es tan rico! Tchaikovsky me deja sostener su cabeza. Siempre que sostengo algo en las manos –sea Tchaikovsky o una bellota o un libro– no puedo evitar preguntarme: ¿de dónde vino antes de llegar aquí? ¿y adónde irá cuando se vaya de aquí? No puedo evitar preguntarme por qué las cosas suceden de la manera en que suceden, y no de otro modo. Siempre ando haciendo preguntas y, finalmente, mi mamá me dice, "Gusi, ¿*tienes* que saberlo *todo*?". "Por supuesto, mamá –le digo–. Pero no te preocupes si no me lo dices todo de una vez".

CAPÍTULO TERCERO

I

Es de noche. Me está dando sueño. Necesito un cuento. Tú sabes cómo es eso, ¿no?

—Abuelito —digo—. ¿Qué eras tú antes de que fueras marinero?

—Yo crecí en una granja —dice—. Tenía muchas ganas de ir al mar. Más tarde no aguantaba las ganas de volver a la granja.

—¿Te caíste alguna vez al agua cuando eras marinero?

Mi abuelo se sonríe con su sonrisa torcida, un lado hacia arriba y el otro hacia abajo. —Más de una vez —dice—. Pero la única vez que estuve realmente en peligro fue un verano, cuando navegaba en lancha a motor cerca de la costa de Puerto Williams.

—¡Cuéntamelo! —le ruego—, ¡cuéntamelo!

—Bueno, choqué con algo. No sabía qué era. Tal vez un barco medio hundido. No lo vi, pero fui lanzado contra el timón y se me quebró el brazo. Luego se volcó la lancha, no totalmente, pero lo suficiente como para arrojarme al agua.

—¡Con un brazo quebrado, no podías nadar! ¡Podrías haberte ahogado!

—Sí, pero eso no fue lo peor. El timón se trabó y la lancha comenzó a girar en círculos. Se acercaba cada vez más, y yo no podía quitarme de su camino. Pensé que en cualquier momento iba a ser arrastrado bajo la lancha y atraído hacia la hélice.

–¿Qué sucedió? ¿Se le acabó la bencina a la lancha?

–No, de repente sentí un estruendo, como si un tren se viniera acercando. Y luego estalló una gran explosión de agua, como si una locomotora viniera subiendo desde el fondo del mar.

–¡Era una ballena! –digo–. ¡Apuesto a que eso es lo que era!

–¡Tienes razón! Eso es *justo* lo que era. Y me miró y yo la miré. No era una ballena adulta, pero, sin embargo, ¡era muy grande!

–¿Era blanca o azul o gris? ¿De qué color era, abuelo?

–Era gris y tenía una mancha extraña, supongo que era una marca de nacimiento, cerca del ojo. –Mi abuelo coge un block de papel y un lápiz–. Se veía como esto:

–¿Qué hizo la ballena entonces, abuelo? ¡Cuéntame!

–Nadó directo hacia la lancha y, de un solo coletazo, la hizo añicos.

–¡Te salvó la vida!

–Es cierto. Me salvó la vida.

–Pero ella no *sabía* eso, tata. A lo mejor solo estaba asustada o enojada con la lancha. No tenía la *intención* de salvarte la vida.

—Pero me miró a los ojos.

—¡Fue un accidente! ¡Subió a la superficie y coincidió con que tú estabas ahí!

—Cuando subió a la superficie, lo vio todo.

—Pero ella no podía saber... —comencé a decir.

—¿Cómo sabes *tú* –dice mi abuelo–, lo que una ballena podría o no saber?–. Luego agrega –Ese es el final de la historia. Es hora de irse a la cama–. Y cierra los ojos, como si estuviera muy cansado.

Llegado a la mitad de la escalera, le grito –¡Tata!

—¿Qué pasa?

—¿Le pusiste nombre?

—Sí.

—¿Qué nombre le pusiste?

Mi abuelo me dice el nombre pronunciándolo muy lentamente: —Le-vi-a-tán.

II

Al día siguiente, Gus viene a mi casa. Nos sentamos en el manzano. Es fácil subirse a un manzano, porque las ramas salen desde muy abajo. Mi abuela y Suki no están muy lejos. Miro hacia arriba y digo —¡Oye, mira, hay cuatro nubes en el cielo!

Gus dice —¿Y qué?

—Y nosotros somos cuatro —digo.

Otra vez Gus dice —¿Y qué?

—¡Y hay cuatro pollos atravesando el camino! ¿No te parece extraño? ¡Todo es cuatro hoy día!

—Las cosas no tienen números —dice Gus—. Tal vez tengan nombres, como Rorro y Tchaikovsky. Pero los números solo son lo que inventamos cuando contamos.

—¿Por qué contamos? —pregunto.

Gus dice: —No sé. Supongo que es para descubrir cuántas cosas diferentes existen. Si todo fuera lo mismo, no necesitaríamos números.

—Ni nombres, tampoco —digo.

En ese momento mi abuela se pone un dedo sobre los labios y señala la chimenea de la casa. Sabemos que una ardilla ha estado viviendo allí todo el invierno. Pero ahora vemos que es una madre ardilla, y que está llevando a sus crías, una por una, hacia la roca grande que está cerca del roble. Lleva cuatro ardillitas a la roca, y luego corre de un lado para otro, como si estuviera un poco loca.

—Abuelita —susurro—, ¿qué le *pasa*?

Mi abuela me contesta susurrando: —No sabe si ha sacado a todas sus crías.

Nadie dice nada por un momento. Luego susurro de nuevo —Abuelita, *ella no sabe contar.*

Como si estuviera hablando consigo misma, Suki dice: —Pobrecita. Nunca lo sabrás con seguridad, ¿verdad?

Entonces Gus me golpea el brazo con el puño y dice: —¿Qué está pasando? ¡*Dime*!

III

En vez de ir a trabajar al gallinero, mi abuelo se queda sentado en su silla mecedora.

Yo entro a la cocina donde mi abuela está atareada cocinando. —Abuelita —digo despacito—, ¿le pasa algo al abuelo?

—No —dice ella—. Solo está malhumorado.

—¿Por qué está malhumorado? —quiero saber.

—Porque es su cumpleaños y, por un lado, no quiere que nadie se acuerde, y, sin embargo, por otro lado, teme que todos lo hayan olvidado. Así es que se sienta allá y le da vueltas al asunto.

Un poco después, la abuela me pide que le avise al abuelo que venga. Él entra y encuentra la mesa puesta para una fiesta, y una gran torta de cumpleaños, y algunos regalos.

—¿Qué es todo *esto*? —dice, como si no entendiera lo que está sucediendo.

Se sienta a la cabecera de la mesa. Hay una tarjeta encima de su plato; la abuela la puso ahí.

Suki y yo gritamos juntos: —¿Qué dice la tarjeta, abuelo? ¡Léela en voz alta!

La lee en voz alta: —"Soy un hombre viejo y he tenido muchos problemas, la mayoría de los cuales nunca sucedieron".

Todos nos reímos. El abuelo se pone de pie y él y la abuela se abrazan. Suki se seca las lágrimas, la abuela también.

Después de la fiesta, él no sale de la casa para ir a trabajar. Vuelve a sentarse en la silla mecedora. Me pregunto qué estará pensando, pero no me atrevo a preguntarle.

Gus viene a mi casa y la llevo a la pradera donde hay una laguna. He hecho un puente con algunas tablas y ladrillos. El puente llega a la mitad de la laguna, donde tengo una isla, hecha con algunos barriles vacíos y una puerta vieja acostada encima de ellos. Guío a Gus a través de las tablas y después nos sentamos encima de la puerta.

Después de un rato, le cuento lo de Leviatán. Incluso le explico lo de la mancha de nacimiento, dibujando con un palito en el reverso de su mano.

—¿Dónde crees que está *ahora*? —pregunta ella.

Yo respondo: —¡Nunca pensé en eso! ¿Crees que esté viva todavía?

—Puede ser. Las ballenas viven por muchos años. ¿Dónde la vio tu abuelo?

—En un lugar del sur.

Durante un buen rato, Gus no dice nada. Luego dice: —Kio, tu abuelo cree que Leviatán todavía vive.

Yo no puedo comprender cómo Gus puede saber lo que mi abuelo cree. Lo único que puedo decir es: —¿Tú crees?

—Sí. Y es por eso que está triste. Piensa que tiene que ir a buscarla.

—¡El abuelo no puede ir a buscarla! ¡No es capaz de hacerlo!

—Puede hacerlo, si quiere —dice Gus.

—Aunque quisiera, no lo admitiría.

—¡Kio, es importante! Háblale un poco más sobre las ballenas. Tal vez va a decidir por su cuenta que quiere ir a verlas.

—No es fácil para mí conversar con el abuelo. Y no puedo hacerle hacer nada que él no quiera.

Gus solo dice: —Cuando tengas una oportunidad, Kio, conversa con él.

Nos quedamos sentados en la puerta por un rato más; luego tomo a Gus de la mano y volvemos a la casa.

IV

Estoy sentado con Gus junto a la mesa de la cocina. Le estoy leyendo historietas. Rorro salta sobre la mesa y se acuesta encima del periódico, justo frente a mí. —¡Rorro! —le grito—. ¿No ves que estoy tratando de leer?

Gus dice: —Miaaau, ¿qué es *leer*?

—En las páginas hay palabras impresas, Rorro —le digo—, y yo las miro y trato de descubrir lo que significan.

Eso es leer.

—¿Palabras? —dice Gus—. Miaaau, ¿qué son las palabras?

—Son estas manchitas negras que están sobre el papel.

—¿Y con qué las lees?

—Con mis ojos. Mantengo mis ojos sobre ellas.

Gus dice: —Yo mantengo mis garras sobre ellas.

—¡Rorro! —le grito—, ¿puedes salir de una vez *fuera de mi historieta*, por favor?

—Estoy leyendo —dice calmadamente Gus—. Por favor, no me grites. Me molestas.

—¡Oigan, ustedes dos! —dice Suki—, ¿les gustaría ir a un picnic la próxima semana? Yo haré sándwiches.

—¡Ya! —respondo—. ¡Esa es una *gran* idea! ¿Adónde iríamos?

—Al lago; así podríamos ir a nadar.

—No quiero ir al lago —digo.

Suki se ríe y dice —¡No me digas que crees en esas historias sobre la casa embrujada!

No le respondo a Suki, pero Gus me dice —¡Gato miedoso! —y frota un dedo sobre el otro, como si dijera "¿No te da vergüenza?".

Parece que vamos a tener un picnic a orillas del lago.

CAPÍTULO CUARTO

I

¡Adivina quién viene a comer! Sabía que nunca lo adivinarías. ¡Suki y Kio! ¡Estarán aquí en cualquier momento! Cuando le pregunté a mi mamá si podíamos invitarlos, estaba segura que me diría que no. Eso sirve para mostrarte que tú nunca sabes lo que harán los padres. ¿No has notado tú lo mismo? Vamos a ser solo nosotros seis: mi mamá, mi papá, Suki, Kio, yo y mi hermano Bernardo, que ha vuelto de la universidad por vacaciones. Bernardo ha estado diciendo todo el día que se va a quedar en su habitación. ¡A veces puede ser *tan malo!*

¡Son ellos! ¡Son ellos! ¡Están en la puerta! Mi mamá y mi papá conocen a Kio, porque ha estado por aquí un montón de veces. Pero esta es la primera vez que verán a Suki. Mi mamá me dice: —Gus, sube y trae a Bernardo—. Subo corriendo las escaleras y golpeo su puerta. —¡La mamá dice que bajes a comer!—. No hay respuesta. No me atrevo a gritar muy fuerte, porque no quiero que Kio y Suki me escuchen. —Bernardo —le digo a través de la cerradura—, *¡por favor!*—. Me dice —¡Anda a mojarte la cabeza en un balde de agua!—. —Bernardo —le digo—, Kio está aquí *con su hermana.*

¿Y sabes qué? ¡De repente se abre la puerta y ahí está Bernardo! Mi mamá lo mira desde abajo y dice: —¡Bernardo! ¿Y cómo es que hoy día no eres el señor Gruñón? ¿Qué fue lo que Gusi te dijo que te hizo cambiar de opinión –y de camisa–?

Mientras bajamos las escaleras, mi padre dice: –Bernardo, quiero presentarte a Suki, la hermana de Kio.

Suki mira a Bernardo cuando va bajando las escaleras y dice: –¡Eres tú!

Bernardo la mira con una expresión extraña y dice –¡Yo podría decir lo mismo!

Mi padre pregunta: –¿Ustedes ya se conocen?

–Generalmente voy a nadar sola a la caleta que queda al otro lado de la isla –dice Suki–, pero estos últimos días no he sido la única que ha andado por ahí.

–Ella no quiso decirme su nombre, así que yo tampoco quise decirle el mío –dice Bernardo.

Mi padre va a la cocina y trae algunas cosas de aperitivo. Suki y Bernardo toman cada uno una galleta, la untan con un poco de salsa de queso y salen a la terraza.

Kio está comiendo tanto que tengo que decirle que deje un hueco para la comida. Mientras conversa con mi papá sobre si le gusta la granja, yo me escapo a la cocina.

–Mamá –digo–, ¿me dirías algo?

–Trataré –dice–. ¿Qué es lo que quieres saber?

–Si Bernardo se casa con Suki, ¿podría yo, de todos modos, casarme con Kio?

Mi madre se atora un poco con algo que está comiendo. Después de un momento dice –Por supuesto, si ambos lo desean cuando sean grandes.

–¿Por qué podríamos no desearlo?

–¡Gusi, siempre estás preguntando *preguntas*!

–Mamá –digo–, ¿qué *otra cosa* se supone que debería preguntar?

II

Antes tenía que venirme a mi casa para la comida, pero ahora me puedo quedar en la casa de Kio, si es que me invitan. Incluso puedo quedarme hasta las nueve, porque Bernardo viene a buscarme para llevarme a casa. Es seguro que ahora le debo caer mucho mejor que antes.

Después de comida, Kio y yo nos turnamos para hacer la posición invertida. Yo cuento mientras él la hace y él cuenta mientras yo la hago, para ver quién dura más tiempo. Después nos turnamos en dar vueltas hasta que nos caemos. Después nos tiramos rodando una y otra vez por la ladera del prado.

El abuelo de Kio está sentado en una silla de lona y tiene a Rorro sobre su falda. De pronto, todo está muy tranquilo en la granja, porque todos los pollos están dormidos.

—Abuelo —dice Kio—, ¿tú matas a tus pollos, no es cierto?

—No lo hago yo mismo, Kio. Los envío al mercado y allá los matan.

—¿Mandarías a Rorro para que lo mataran?

—¿A un gato? ¿Quién se comería a un gato?

—Bueno, quiero decir, si a la gente le gustara comerse a los gatos, ¿mandarías a Rorro?

—No, por supuesto que no, a Rorro lo conocemos personalmente.

—No entiendo.

—Rorro tiene un nombre: su propio nombre. Él es Rorro. No es solo un gato. Es un miembro de la familia.

—Ah —digo—, entonces, si les pusiéramos nombres a todos los pollos, ¿no los enviarías al mercado? ¿No es cierto?

El abuelo de Kio dice: —Me temo que no bastaría con eso para hacerlos parte de la familia. Pero si hay una gallina con la que tú estés especialmente encariñado y le pones un nombre, te prometo que no me desharé de ella.

Kio dice —Apostaría a que todos los días, en todas partes del mundo, hay millones de personas comiendo millones de pollos.

El abuelo de Kio dice: —Eso es verdad. Pero no hay peligro de que se mate a *todos* los pollos. Lo que me preocupa son los animales que se matan aunque *no pueden* ser reemplazados.

—¿Como cuáles? —pregunta Kio.

—¿Como cuáles? ¡Como los rinocerontes y las ballenas! ¡Y fíjate cómo se mata a todas esas focas recién nacidas cada año!

Suki dice —Salvaron al cisne trompetero. Por un tiempo, solo quedaban unos pocos, pero ahora hay miles de ellos nuevamente.

El abuelo de Suki como que resopla, del mismo modo en que lo hace Tchaikovsky, y dice: —Si mataran a todos los cisnes trompeteros, de todas maneras habrían quedado otras *clases* de cisnes. Pero no solo están matando una clase de rinocerontes o una clase de ballenas. ¡Están matándolos a *todos*!

—No es demasiado tarde para salvarlos, abuelo —dice Suki.

—¡El tiempo se está acabando demasiado rápido!

—Sin embargo —dice la abuela de Kio—, no son las ballenas las que están en mayor peligro.

—Ah, ¿no? —dice el abuelo de Kio—. ¿Qué otro animal podría estar en mayor peligro de exterminio que las ballenas?

—Los seres humanos —dice la abuela—. Una guerra más y casi todo va a desaparecer. No quedará ni una sola persona—. Entonces me abraza, como para decirme que no me preocupe.

Todo lo que puedo decir es: —Miren, estamos aún peor que los *pollos*.

III

Le toca a Kio venir a mi casa en la tarde a jugar en mi jardín. Kio tiene un frasco y le pregunto qué está haciendo con él.

—Cazando luciérnagas —dice.

—Yo no sé mucho sobre las luciérnagas, ¿y tú?

Kio me cuenta todo acerca de ellas. Atrapa una y deja que yo la tome. Me sorprende que no se sienta caliente, como una ampolleta de luz eléctrica. La sostengo en la palma de mi mano y le susurro: —Yo también soy una luciérnaga. No necesito el sol. Tengo mi propia luz.

Entonces, repentinamente, se oye un chillido en el aire y Kio grita —¡Un murciélago! ¡Un murciélago!

Después de un rato el murciélago se va volando y Kio deja de correr detrás de él. Yo pregunto: —¿Un murciélago es un ratón con alas como las de un pájaro, o es un pájaro con un cuerpo como el de un ratón?

Mi padre me explica todo sobre los murciélagos: que aunque no pueden ver, saben por dónde están volando, porque emiten esos chillidos y luego escuchan sus ecos. Junto mis manos ahuecándolas y soplo en la cavidad como si hubiera un murciélago ahí: —¡Hola, yo también soy un murciélago! ¡Ven a visitarme de nuevo algún día!

Justo cuando termino de conversar con mi murciélago, se escucha un sonido extraño del otro lado de la casa, como si alguien arrojara un guijarro contra una ventana.

—¿Qué fue *eso*? —quiere saber mi madre.

—¡Yo sé! —grita Kio—. ¡Fue un pájaro que voló hacia la ventana! ¡Aquí está! ¡Está muerto!

Kio lo levanta. Es un gorrión pequeñito. –¡Déjame *a mí* tenerlo! –digo–. ¡Déjame *a mí*!–. Lo sostengo en mis manos ahuecadas. Casi no tiene peso y no se mueve. No parece estar respirando, tampoco.

Mi padre dice –Puede ser que esté aturdido solamente.

Yo le susurro: –Ya pues, dormilón, es hora de levantarse–. ¿Y sabes qué? El gorrión abre el piquito, después levanta la cabeza y, en un momento, cuando yo abro las manos, se va volando.

Mi mamá me dice –¿Cómo es que no te volviste un gorrión, Gusi?

No puedo explicarle que yo podría ser *un* gorrión, pero no *este* gorrión. Este gorrión voló una vez y volará de nuevo, pero por un momento no sabía *qué* estaba ocurriendo alrededor suyo. ¡Eso no se parece a mí *en lo más mínimo*!

–Por un minuto pareció que estaba muerto y al minuto siguiente se fue volando, como si nunca nada le hubiera pasado –dice Kio. Después agrega –Es extraño, no creí que hubiera ninguna esperanza para él.

Sé que voy a llorar, así es que corro hacia la casa y me escondo detrás del sofá. Me gustaría saber por qué estoy llorando.

Bernardo entra y me levanta. Le echo los brazos alrededor del cuello y le dejo el hombro de la camisa completamente mojado. –Vamos a dar una vuelta en auto –dice.

Me pone en el asiento delantero del auto, al lado de él, y retrocede por el callejón. Las ruedas del auto hacen sonar los guijarros del camino al pisarlos.

Cruzamos los bosques y seguimos a lo largo del lago. Puedo oler el agua. Comienzo a sentirme mejor y cuando escucho a los sapos grandes no puedo evitar imitarlos: –Croac, cro-ac –digo, tratando de hacer que mi voz suene lo más profunda que pueda, pero, por supuesto, mi voz no está ni cerca de ser lo suficientemente profunda.

Me gustan los sonidos que produce el saltamontes. Bernardo me dice que es una cigarra, pero le digo que el papá ha dicho que "saltamontes" y "cigarra" son solo dos nombres distintos para la misma cosa. Bernardo dice que suenan como "una orquesta afinándose", sea lo que sea lo que *eso* significa.

Me acurruco contra Bernardo. —¿Hay pájaros que no pueden volar? —le pregunto.

—Por supuesto —me dice—, las avestruces.

—¿Y qué hacen?

—Caminan de un lado para otro. Y, si tienen que hacerlo, también corren.

—¿Viven cerca de aquí?

—No, me temo que no. —Me acaricia la coronilla de la cabeza con sus nudillos—. Pero te diré una cosa: te mostraré algo mejor todavía. Te llevaré a la casa embrujada.

—Pensé que la visitaríamos cuando fuéramos al picnic con Kio y Suki.

—No —dice Bernardo—. Esto no va a ser un picnic. Vamos a visitarla en medio de la noche.

—No soy un gato miedoso, Bernardo. ¿Y tú?

Todo lo que él dice es —¡Miaaau!

CAPÍTULO QUINTO

I

Estoy sentado en el alféizar de la ventana, mirando hacia la casa de Gus y deseando poder montar a Tchaikovsky.

Me acuerdo de ayer, cuando mi abuelo me llevó a la ciudad y fuimos a un lugar donde almorzamos hamburguesas. Mi abuelo no podía *creer* la manera en que yo les ponía ketchup a mis papas fritas. ¡Las cosas por las que se asombra! Me pregunto si todos los adultos son así: se quedan perplejos por las cosas que a cualquier niño le parecen obvias. Yo le pongo ketchup a casi todas las cosas. ¿Tú no?

Al lado de la mesa en la que estábamos comiendo, había una percha. Tenía un letrero que decía "Vigile su sombrero y su abrigo". La percha estaba vacía, desde luego, porque era verano. El letrero me inquietó, así es que dije –Abuelo, ¿por qué dice 'vigile su sombrero y su abrigo'?

–Porque podrían desaparecer –me dijo.

¡Así que supongo que hay cosas en el mundo que podrían desaparecer si uno no las vigila! ¡Eso es muy raro!

Suki me llama desde la cocina. Me desenredo del alféizar de la ventana, donde estaba sentado con las piernas cruzadas, y empiezo a correr atravesando la sala de estar. Pero me resbalo en la alfombra y choco con una de las plantas de la abuela y la boto.

Suki entra, ve toda la tierra y dice –Traeré la escoba. –Va al closet, pero la escoba no está allí–. No entiendo –dice

Suki–, *siempre* está aquí. ¿Dónde podrá estar? ¡No puede haber *desaparecido* así no más!

Pero, ¿no podría ser? ¿Y qué hay de esos sombreros y abrigos? ¿Qué tal si pasara lo mismo con las escobas y se quedaran en su lugar solo mientras alguien las está mirando? Le cuento a Suki lo que estoy pensando.

–Nooooo –me dice–. No importa si a una escoba se la vigila o no. No puede pararse y salir. Se queda donde la ponen.

–Pero, Suki –digo–, ¿cómo podemos estar seguros de eso? Por lo que sabemos, a lo mejor todo el mundo desaparece cuando nadie lo está mirando.

Suki suspira y dice –Kio, si nadie estuviera mirando mientras el mundo desaparece, nadie podría darse cuenta de la diferencia, ¿no te parece? –Después se ríe y dice– ¡Oh, mira, aquí está la escoba, entre la muralla y el refrigerador!

–Pienso que sería mejor tenerla vigilada –digo–. La próxima vez que la perdamos de vista, quizás no vuelva, no importa *dónde* la busquemos.

Gus entra. Le cuento lo de la percha y lo de la escoba. Aplaude y dice: –¡Oye, entiendo perfectamente lo que quieres decir! ¡Eso me pasa a mí todo el tiempo! Cuando no puedo tocar las cosas, no puedo estar segura de que todavía están allí. Esa es la razón por la que siempre me encanta sentir el suelo bajo mis pies, y tocar las mesas y las sillas y cualquier otro tipo de muebles que haya en el mundo. Estoy siempre tan asustada cuando no tengo nada que tocar, porque tengo miedo de que el mundo pudiera haberse mandado a cambiar.

Suki la mira un poco preocupada y le dice: –Pero, en todo caso, tú *sabes* que está allí, Gus, ¿no es cierto? ¿no crees *realmente* que desaparece? ¿O sí?

Gus se ríe. –No desaparece, porque, en lo que a mí concierne, nunca apareció. Solo aparece para la gente que puede ver. —Rorro entra y salta a la falda de Gus—. Hola, Rorro —dice Gus—, ¡*Aquí* estás! Sé perfectamente que estabas cazando ardillas de nuevo.

—Tú no lo *ves* cazando ardillas, pero ¿*sabes* que lo hace? —le pregunto.

—Bueno —dice Gus—, eso es lo que tú y Suki me dicen que hace y, si ustedes lo dicen, yo les creo. Pero eso no quita que me pregunte adónde se va la noche cuando es de día, o adónde se va el frío cuando tu helado se derrite, o de dónde viene el aroma cuando tu abuela hornea el pan. Tú me dices que el pasto es verde, pero ¿es verde durante toda la noche o deja de ser verde al atardecer y vuelve a serlo de nuevo en la mañana?

Suki se sienta en el suelo al lado de la silla donde está sentada Gus y le pregunta: —¿Es así como entiendes tú las cosas, Gus? Que los colores que no vemos, y los sonidos que no escuchamos, y los sabores que no gustamos, ¿están todos allí *en alguna parte*, esperando su turno?

Gus sonríe y pasa los dedos por la cabeza de Suki, por donde está la partidura de su pelo, y por sus cejas y ojos, su nariz, mejillas y boca. Después sacude la cabeza y dice —Lo haces parecer como un gran teatro, donde los actores que no están en escena están todos fuera de escena, esperando su turno. —Toca las orejas de Rorro y él las mueve elásticamente. Toca su espalda y él la arquea—. Me gustaría creer eso, porque a los *buenos* actores y actrices se les llama para que vuelvan, y a lo mejor sucede lo mismo con los buenos gustos y olores; y con los sentimientos y pensamientos también.

Suki pasa su mano por los cabellos de Gus y le dice suavemente —La gente que ve, muchas veces no aprecia lo que es tocar. El tacto no les produce admiración. Apenas ven un durazno se lo comen, y nunca llegan a sentir su peso en las manos, o a captar su redondez, o a tocar la suave textura aterciopelada de su piel. Y, no obstante, aunque no fuera más que una piedra, siempre sería algo maravilloso tenerla en la mano.

Gus se agacha y por un momento roza suavemente su mejilla contra la de Suki. Después se endereza en su silla y dice: —Me *gustaría* ver los rojos brillantes y los amarillos luminosos, y los verdes y los dorados de los que todos hablan. Yo antes no pensaba mucho en eso, pero ahora lo hago a veces. Me sorprendo a mí misma diciéndome: "Quiero estar en contacto con el mundo del mismo modo en que los demás están en contacto con él". Pero después pienso que no puedo desear eso solamente para mí, me gustaría que *todos* conocieran lo que no conoce nadie más que yo. De otro modo, no sería justo. No tengo derecho a guardarme todo lo que conozco solo para mí.

Suki pone una fuente con fruta frente a Gus y Gus escoge una naranja y comienza a pelarla.

—¿Son las naranjas realmente de color naranja? —pregunta.

—Claro —digo—, y es un color brillante, tal como su gusto es brillante.

—Miaaau —dice Gus—. Mente brillante.

II

Desciendo por el camino de tierra que va a dar al buzón. Bruno y Tomás, los dos niños de la granja vecina, están ahí. Tomás le está tirando piedras a una tortuga.

Bruno dice: —¡Oye, córtala! ¿Qué te está haciendo esa tortuga?

Tomás no le responde. Se da vuelta y me dice —Kio, ¿todavía no has ido a la casa junto al lago?

—No, todavía no —digo. Y no le cuento nada de mi susto.

—Nosotros hemos ido para allá un montón de veces —dice Tomás—. Hemos subido a la buhardilla en el día, pero no hemos encontrado nada.

Bruno agrega: —Pero sea lo que sea que andaba dando vueltas en la noche, todavía lo está haciendo.

Trago con dificultad y logro decir —¿Sí?

—¡Síííí! —dice Tomás—. Es como si *arrastrara los pies* por el suelo.

—¡Exacto! —dice Bruno—. Como si *se quejara*. Quiero decir, como si *gimiera*.

—Estábamos pensando que a lo mejor es un fantasma —dice Tomás.

Bruno dice: —Sí, pero ¿cómo puede un fantasma hacer crujir la madera del piso? Un fantasma no tiene peso.

—¡Los fantasmas no *existen*! —les digo.

—En ese caso, pesan todavía menos —dice Tomás con una sonrisa.

Saco las cartas del buzón. Mis palmas están sudando. Me digo que es tonto tenerle miedo a algo que ni siquiera existe. Pero mis palmas todavía están sudando. Debe ser que mis palmas no me creen.

CAPÍTULO SEXTO

I

Tironeo a Kio de la manga. —Apúrate —le susurro—. A Bernardo no le gusta esperar.

Kio le dice a su hermana: —Suki, voy a ir a la casa de Gus. Tal vez Bernardo me dejará montar a Tchaikovsky.

—Bueno —dice Suki—, pero asegúrate de estar aquí de vuelta a la hora de almuerzo. Y ten cuidado.

—¡Tchaikovsky! —dice el abuelo de Kio—. ¿Qué clase de nombre es ese para un caballo?

—No sé —dice Suki—. Pero es tremendamente gentil con los niños. A Kio y a Gus les gusta mucho.

Kio y yo encontramos a Bernardo en el establo. Me dirijo a la caballeriza de Tchaikovsky, la abro, y lo hago caminar fuera del corral. Mientras lo hago, le hablo muy suavemente. Le digo cuán elegante y hermoso pienso que es. Bernardo y Kio nos siguen.

Bernardo me toma y me pone sobre el caballo. Hubo un tiempo en que Bernardo tenía que guiar al caballo alrededor del corral, pero ya no es necesario que lo haga. Tchaikovsky sabe, por cómo me *siente*, adónde quiero ir. Y también por mi voz y por el modo en que oprimo mis muslos contra sus costados y cómo sostengo las riendas, no solo por las cosas que le digo.

Tú sabes que algunas personas que no pueden ver tienen perros entrenados. Los perros ven por ellos. Bernardo me dijo que estos perros tienen que ir a escuelas especiales. Yo no tengo un perro, pero tengo un caballo que puede cuidarme. Creo que Tchaikovsky sabe que yo no puedo ver. Y apuesto a que él entiende que *tiene* que ver por mí cuando lo monto.

Sé que Tchaikovsky me ama. Deberían estar aquí alguna vez y verlo cuando frota su nariz contra mi cara, mis orejas e incluso contra mi pelo. Le encanta jugar. A veces, cuando voy caminando por el corral, avanza a hurtadillas detrás de mí y me da un empujoncito con la nariz. Justo en el medio de la espalda. Me gusta tanto cuando hace eso. Siempre me vuelvo y le doy un gran abrazo.

Estas son las cosas que estoy pensando mientras cabalgo sobre Tchaikovsky alrededor del corral. Pero luego me doy cuenta de que no estoy siendo muy amable. Yo *sé* que Kio se muere de ganas de cabalgar.

—¿Puede Kio dar una vuelta? —le grito a Bernardo.

—Claro —dice Bernardo—. ¿Por qué no?

Me ayuda a bajar y sube a Kio. ¡Kio está tan entusiasmado! Pero pienso que antes debería darle algunas indicaciones. Después de todo, es solo un principiante. Le explico cómo debe sostener las riendas y usar sus piernas y sentarse derechito. Y cómo tiene que hablarle suavemente a Tchaikovsky para decirle lo que tiene que hacer. —Por ningún motivo puedes olvidar estas cosas, Kio. Son muy importantes —le digo.

No quiero parecer una sabelotodo. Kio escucha pacientemente todo lo que le digo.

Generalmente no van muchos autos por la carretera que pasa cerca del corral. Pero algo viene ahora, aunque todavía distante. ¡Ahora escucho la sirena! Es una ambulancia y corre a toda velocidad. Debe haber ocurrido un accidente en alguna parte.

Justo en el momento en que la ambulancia se acerca al corral, oigo a Bernardo tratando de tranquilizar a Tchaikovsky. La sirena lo aterroriza. ¡De repente, Tchaikovsky se para sobre sus patas traseras y Kio es lanzado al pasto! Queda boca abajo. Bernardo y yo nos inclinamos sobre él. Pero él se queda ahí, tendido.

La ambulancia se detiene y retrocede. Dos personas se bajan corriendo, lo levantan, lo ponen en la ambulancia y se lo llevan. Tchaikovsky se queda por ahí mordisqueando algo de pasto. ¡Parece tan extraño que una ambulancia, yendo hacia el hospital, pueda causar un accidente!

Durante todo el día estoy preocupada. Luego, hacia el atardecer, la abuela de Kio conduce la camioneta hasta el hospital y trae a Kio de vuelta a casa. Salvo por tener un brazo quebrado, todo está bien. —¡Oye, Gus! —me llama desde la camioneta—, ¡tú puedes ser la primera en firmarme el yeso!—. Pongo mi nombre con letras grandes: G-U-S. Y agrego en letras pequeñas el nombre de Rorro, porque él no puede escribirlo por sí mismo.

Mi mamá, mi papá y Bernardo están aquí. Les están diciendo a los abuelos de Kio lo preocupados que están. Yo no digo nada porque no se me ocurre nada que decir.

—Todos deberíamos haber sido más cuidadosos —dice mi padre.

El abuelo de Kio dice: —Cada uno hizo lo que pudo y no se puede culpar al caballo por haberse asustado. Fue un accidente.

—Abuelo —dice Kio—, con la ballena tú dijiste que *no fue* un accidente.

—No es la misma cosa, niño —dice el abuelo de Kio. Se ve irritado, no sé por qué. Entonces agrega: —El caballo no entendió.

La abuela de Kio lo mira y mueve la cabeza. —¡Las cosas que te imaginas! —le dice.

II

Bernardo nos lleva a Kio, a Suki y a mí a visitar la casa junto al lago en la noche. Suki dice: –¡Bernardo, no es justo! ¡Deberías decirnos qué encontraremos! ¡Deberías compartir con nosotros lo que sabes!–. Todo lo que Bernardo dice es: –Muy pronto lo descubrirán.

–¡Quiero ir! –dice Kio. Su voz suena como si estuviera tiritando. No sé por qué le pasa eso, hace bastante calor esta noche.

Kio, Suki y Bernardo tienen linternas. Nos dirigimos al lago y estacionamos el auto. Caminamos después a lo largo de la orilla por un rato y me entra arena a los zapatos. Muy luego llegamos a la casa.

Tenemos que ser muy cuidadosos al subir los peldaños de madera de la entrada, porque están rotos. También el suelo de la entrada está lleno de tablas sueltas o medio podridas.

Suki me tiene a mí de la mano y Bernardo tiene a Kio de la mano. Bernardo y Kio van primero. Ellos abren la puerta de entrada y suena *¡Criiiick!*

–Sabía que debería haber traído la aceitera –dice Bernardo.

Todo lo que Suki dice es: –¿Por favor, podemos *continuar* con esto?

Cruzamos la sala vacía y comenzamos a subir las escaleras. Cada peldaño cruje cuando alguien lo pisa, así es que los cuatro juntos hacemos un ruido horrible. Bernardo dice –¡Shhhht! –y caminamos en puntillas.

Entonces, justo cuando llegamos al primer descanso de la escalera, ¡lo oigo! ¡Es como alguien que camina muy lentamente, como alguien que estuviera arrastrando los pies! ¡El ruido no viene del segundo piso, viene de la buhardilla!

Subimos de puntillas al segundo piso. –¡Kio! –susurro–, ¿todavía estás ahí?

–Cre-creo que sí –responde. Después oigo un sonido como de alguien que gime. Me aferro bien a Suki. *Sé* que Kio debe estar aferrado a Bernardo.

Llegamos a la escalera que lleva a la buhardilla. Es estrecha y de caracol. Paramos en el último peldaño, porque la puerta está cerrada. Contengo la respiración.

Entonces, Bernardo abre la puerta de par en par y los cuatro entramos precipitadamente a la buhardilla. Suki dice: –¡Oh! –y Kio dice– ¡Oh!

–¿Qué *es*? –pregunto, le ruego a Suki que me conteste: –¿Qué *es*?

Entonces, de repente, escucho un golpe de alas y oigo algo que dice –¡Uuuh! ¡Uuuh! ¡Uuuh!

–¡Una lechuza! –digo–. ¡Guau! ¡Qué grande!

–Cierto –dice Suki–. ¡La lechuza más grande que jamás haya visto! ¡No sabía que podían llegar a ser tan grandes!

–¡Sí! –dice Bernardo–. Algunas lechuzas son enormes.

Yo digo: –¡Debe haber sido muy hermosa!

–Así es –dice Kio–. Muy hermosa.

Cuando Kio dice esto siento como un cosquilleo bajándome por la columna. Es raro: no lo había sentido antes, cuando todavía no sabía que era una lechuza.

–Saltaba dando vueltas –dice Kio–. Luego, cuando entramos, salió volando por la ventana. ¡Qué ojos más grandes tenía! Eran tan grandes como los focos del auto de Bernardo.

–No tanto –dice Bernardo–. Pero, en verdad, eran enormes.

–Probablemente nosotros la asustamos a ella más de lo que ella nos asustó a nosotros –digo. Y empiezo a reírme. No sé por qué. Y, una vez que empiezo, parece que ya no puedo parar.

Kio se empieza a reír también y luego dice —A lo mejor, la próxima vez, en lugar de decir '¡Uuuh!', va a decir '¡Oooh!'.

Ahora me estoy riendo tan fuerte que se me saltan las lágrimas y caen por mis mejillas y digo: —O a lo mejor va a decir '¡Hola! ¿Cómo les va?'.

Suki y Bernardo no dicen nada durante todo este rato. Luego Kio dice: —¿Todavía podemos hacer el picnic mañana?—. ¿Te imaginas? ¡Pensar en un picnic en un momento como este! A veces me pregunto si lo único en lo que piensa Kio es en la comida. Supongo que *hay* veces en las que está más preocupado de lo que está adentro que de lo que está afuera. Pero no le digo nada.

Bernardo dice: —¡Por supuesto! Pasaremos a buscarlos a ti y a Suki mañana en la mañana. Y ¿qué me dices, Kio? ¿Tuviste miedo?

—¡Sí! —dice Kio—. ¡Claro que tuve miedo!

—Yo también —dice Suki—. No me da vergüenza admitirlo.

Yo digo —¿Qué tiene de malo estar asustado? Si hubiera sido algo realmente peligroso, habría sido estúpido *no* tener miedo. Tener miedo no es nada de lo que haya que avergonzarse.

Todo lo que Bernardo dice es: —Señorita Sabelotodo.

III

Kio, Suki y Bernardo están chapoteando en el agua. Suki nada como un pez. Bernardo también. Yo prefiero cavar en la arena.

Puedo escribir mi nombre en la arena con el dedo. No puedo escribir mi nombre en el agua.

Puedo construir castillos de arena, pero ¿quién ha oído alguna vez de construir castillos de agua?

Trato de contar los granos de arena que tengo sobre la uña de uno de mis dedos gordos del pie: uno, dos, tres, cuatro... ¡Ay, son demasiado pequeñitos y son tantos! ¿Cuánto tiempo tomaría contar todos los que hay aquí en esta playa?

¿Qué ocurriría si todo estuviera hecho de granitos de arena? ¿Se podrían contar uno por uno, como en el reloj de arena que tenemos en la cocina de la casa, un grano a la vez?

Un grano a la vez. Cada grano de arena ocupa un *espacio*. Pero si tomas un grano a la vez, ¿es eso *tiempo*?

¿Ves? Es por eso que me gusta tanto la arena: ¡cuando pienso en ella, mis pensamientos se disparan en todas direcciones!

Si nada se moviera, no existiría el tiempo. Pero el tiempo *existe*. Así que debe ser porque las cosas se mueven.

¿Significa eso que el tiempo es lo que sucede cuando las cosas se mueven?

¿O es el tiempo lo que obtenemos cuando *medimos* cuán rápido se mueven las cosas? ¡Ay! ¡Mi cabeza está dando vueltas!

Hago un túnel en la arena. El túnel es lo bastante grande como para que quepa todo mi brazo.

Ayer, Rorro cazó un topo que venía saliendo de su túnel. Rorro trató de jugar con él y el topo resultó herido. Suki hizo que Rorro lo soltara y el topo regresó bajo la tierra. ¡Pobre topo! Espero que no esté muy malherido y pueda volver a trabajar construyendo túneles. ¡Trabaja tan rápido en la tierra! Es un ingeniero, igual que el castor. Después, Kio dijo: "Suki, ¡era solo un viejo topo!".

¡Ese Kio! ¡A veces me pregunto si entiende algo de alguna cosa!

IV

Suki, Bernardo y Kio salieron del agua y se tiraron en la arena de la playa.

—Podría estar todo el día en el agua —dice Suki—. No volvería nunca a casa.

—Los peces no tienen casa —dice Kio.

—Sí, también la tienen —digo—. El lago es su casa. O el río. O el océano. Vivan donde vivan, esa es su casa.

—Lo que quiero decir —dice Kio—, es que los peces no construyen sus casas en la forma en que las abejas construyen colmenas y los pájaros construyen nidos. Un ruiseñor está en su casa en el nido, un pez está en su casa en el mar.

—Esas son dos clases de animales —le digo a Kio—, pero existe una tercera clase. Hay animales a los que no les gusta vivir en el mundo tal como lo encontraron. Intentan cambiar el mundo para que se adapte a ellos.

—¡Ah! ¿Sí? —dice Kio—. ¿Cuáles?

Suki dice: —Los humanos.

—El mundo no es siempre igual —reflexiona Bernardo—. Puede ser más frío o más caluroso o más húmedo o más seco. ¿Qué pasa entonces?

—Supongo que algunos animales son capaces de cambiar y otros no —responde Kio.

—¿Qué les pasa a los que no pueden cambiar? —pregunta Suki.

—Se mueren —digo—. Como los dinosaurios.

Más tarde, Bernardo y yo llevamos a Suki y a Kio a la granja en el auto. Bernardo me dice: —Siempre me siento en casa cuando estoy manejando un auto.

"Nunca seré capaz de manejar", me digo a mí misma, pero no se lo digo a él porque no quiero que se sienta mal. En voz alta le digo: —Yo quiero hacer algo diferente.

–Lo harás –dice él–. El mundo ya no será nunca el mismo gracias a ti.

Espero que tenga razón.

* * *

CAPÍTULO SÉPTIMO

I

—Abuelo —digo—, ¿en qué estás pensando? Ya casi ni conversas con nosotros.
—He estado pensando.
—¿En qué?
—En las ballenas.
—¿Qué pasa con las ballenas?
—Ya ha pasado más de la mitad del verano.
—¿Y qué tiene eso que ver con las ballenas?
—El verano es el tiempo para ver a las ballenas.
—¿Tienes que ir al océano para verlas?
—Hay lugares donde pueden verse desde la costa.
—¿Y esos lugares están muy lejos?
—Sí, me temo que sí. Muy, muy lejos.
—¿Y qué hay de los otros lugares?
—¿Los otros lugares?
—Los lugares donde no se pueden ver las ballenas desde la costa.
—Ah, sí. Tomas un barco.
—¿Un barco grande, como un crucero?
—No, nada de eso. Solo un barco de paseo.
—Abuelo, ¿es eso lo que quieres, ir a ver a las ballenas?
—Sí.
—¿Tiene que ser este verano?
—Sí.

—Bueno, ¿por qué no vas, entonces?

—Kio, sabes que tengo un montón de cosas que hacer aquí en la granja.

—La abuela puede encargarse de la granja por un tiempo.

—¿Tú crees que podría dejarla así no más y mandarme a cambiar a Puerto Williams yo solo?

—No, no era eso lo que yo quería decir, abuelo.

—¡Qué bueno!

—Podrías llevarme *a mí*.

—Ah, ¿así que ahora los dos deberíamos escaparnos juntos y hacer la cimarra por unos días? ¿Eso es lo que quieres decir?

—Abuelo, ¿realmente quieres volver a ver a las ballenas?

—Eso ya te lo dije.

—Pero, tú sabes que para ti no sería fácil ir solo.

—Es cierto.

—¿Entonces, por qué no podríamos ir los cuatro juntos?

—¿En la camioneta? No habría suficiente espacio.

—¿Y en el auto viejo? En él cabrían cuatro, incluso más, si fuera necesario.

—¿El auto viejo? No ha hecho ni un solo viaje largo en cincuenta años.

—Pero, él también necesita salir, abuelo.

—Kio, créeme, no aguantaría ni cincuenta kilómetros.

—Pero si algo se le echara a perder, *tú* puedes arreglarlo.

—No, no sin ayuda. Yo solo no podría.

—Pero has estado trabajando en él tú solo, sin ayuda, todo el verano.

—Casi lo único que hice fue limpiarlo. Está en buenas condiciones de marcha.

—Abuelo, Bernardo es un buen mecánico.

—Ah, ¿y tú te imaginas que habría espacio en el auto para nosotros cuatro y también para Bernardo?

—Bueno, él *tendría* que venir con nosotros, pues los papás de Gus jamás la dejarían ir sola.

II

—Suki —le digo—. El abuelo quiere ir a ver a las ballenas a Puerto Williams.

—¿Cuándo?

—Antes de que se termine el verano. Pienso que iría ahora si pudiera.

—Pero, ¿cómo? La abuela nunca lo dejaría ir solo.

—Ella podría ir con él.

—Pero ¿quién va a cuidar la granja si se van?

—Hay dos jornaleros. Ellos podrían cuidarla por unos pocos días.

—¿Y cómo se van a ir? ¿En tren o en bus?

—Dijo que podrían viajar en el auto viejo.

—¡Ese cacharro viejo! ¡Nunca podrá llevarlos y traerlos de vuelta!

—Bernardo es un buen mecánico. Puede arreglar cualquier cosa.

—¡Bernardo! ¿Va a ir con ellos?

—Si sabe que tú vas a ir, *él va a querer* ir.

—Y supongo que tú planeas ir también y llevar a Gus.

—Por supuesto. Pero hay un problema.

—¿Solo uno? Yo veo cientos de problemas.

—Al abuelo no le gusta llevar más de dos personas en el auto viejo.

—¡Menudo problemita, Kio!

—Pensamos que podríamos llevar la camioneta, pero los jornaleros la van a necesitar.

—Eso te deja con seis personas y espacio solo para dos.

—El abuelo dijo que podría llevar a cuatro en el auto viejo, si tuviera que hacerlo.

—Todavía te sobran dos.

—Sí, lo sé, si tienes seis y le restas cuatro, te quedan dos.

—¿Y, entonces, qué vas a hacer al respecto?

—Eso es lo que le pregunté a Gus.

—¿Y qué dijo ella?

—Dijo que su papá sale de vacaciones la primera semana de febrero.

—¿Quieres decir…?

—Dijo que su mamá y su papá no habían estado tan cerca de los abuelos antes de este verano. Tú sabes, antes de que nosotros viniéramos, Suki.

—¿Y ahora?

—Gus piensa que ahora podría ser diferente.

—¿En qué sentido?

—Gus piensa que podrían sentirse aún más cercanos. Si todos estuvieran de acuerdo, los papás de Gus podrían ir en *su* auto.

—¡Pero es un auto tan pequeño!

—Puede llevar a cuatro, así es que iríamos cuatro en cada auto: ¡justo lo necesario!

—Kio, ¿Gus les ha hablado de esto a sus papás?

—No. Eso es lo que queremos que *tú* hagas.

—¿Tú quieres que *yo* vaya a *su* casa y los convenza de ir a Puerto Williams a ver unas *ballenas*?

—¡No, no tienes que hacer *eso*! ¡Gus los va a traer para acá!

III

—¡Hola, Gus! —le grito—. ¿Dónde están tu papá y tu mamá? Pensé que venían contigo.

—No podían salir ahora —dice Gus—. Vendrán más tarde.

—Abuelo —le pregunto mientras estamos esperando—, ¿sabes alguna historia de fantasmas?

—No —gruñe—. Además, no *existen* los fantasmas.

Gus dice: —No tiene que ser una historia *verdadera.*

El abuelo dice —De todos modos, no conozco ninguna.

—¿Era verdadera la historia de Leviatán? —le pregunto.

—¡Por supuesto que lo era! —dice el abuelo.

—¡Cuéntanos de nuevo la historia!

—¿Por qué? —dice el abuelo—. ¿La han olvidado?

—Es solo que quiero oír algo más sobre Leviatán. ¿Era terrorífica?

—¿Terrorífica? No recuerdo haber estado asustado, pero lo que sí sé es esto: en toda mi vida, nunca había visto nada más *hermoso.*

Gus dice: —Mi padre me dice que las cosas que yo hago con greda son hermosas.

—Abuelo —digo—, les hablé a Benjamín y a Tomás de Leviatán y dijeron que, si hubieran estado allí, la habrían matado.

El abuelo frunce el entrecejo y dice: —¡No es *correcto* matar a las ballenas!

—Ellas no *nos* dañan —dice Gus—. ¿Por qué deberíamos dañarlas *a ellas?*—. Luego agrega: —Hay algo que no puedo comprender.

—¿Qué es, Gus? —pregunta Suki.

—¿Si algo es hermoso, entonces *cada una* de sus partes también tiene que ser hermosa?

Digo —No, Leviatán podría haber sido hermosa, aunque tuviera ojos chicos, bizcos y una extraña marca de nacimiento. ¿No es cierto, abuelo? —Mi abuelo solo asiente con la cabeza.

Gus sigue: —¿Y si una historia es verdadera, tiene que ser verdadera cada una de sus partes?

Suki se rasca la cabeza y dice —Gus, no estoy segura de cómo responder a eso. ¿Adónde quieres llegar?

—Bueno, mi papá me preguntó anoche si yo había sido una buena niña y no supe qué contestarle. Hago tantas cosas que no están bien, ¿podría ser una buena persona a pesar de eso?

Digo, —Creo que lo que Gus está preguntando es: si tú dices cosas verdaderas y haces cosas correctas y creas cosas hermosas, ¿te hace eso una buena persona?

—No —dice Gus—. Lo que yo estoy preguntando es: si tú dices cosas que no son verdaderas y haces cosas que no son correctas y creas cosas que no son hermosas, ¿te hace eso una mala persona?

—No sé —dice Suki.

—Abuelo —digo—, ¿qué piensas *tú*?

—Yo tampoco sé.

—¡Oh! —digo—, ¡esto sí que es increíble!

Mi abuelo dice suavemente: —Yo no dije que no hubiera respuestas a tus preguntas.

—¿Cómo encuentro las respuestas, abuelo?

—¿A preguntas como esas? No estoy tan seguro. Tal vez conversando con otra gente y pensando en las cosas por ti mismo —dice mi abuelo.

—¡Ah! —dice Gus.

Me vuelvo hacia ella y digo —Pero, Gus, supón que realmente *existieran* los fantasmas, ¿querrías descubrirlos por ti misma?

Ella contesta: —¿Cuál es el problema? Cada cosa es precisamente lo que es. ¿Por qué deberíamos pretender que es algo diferente? ¿Por qué deberíamos querer engañarnos a nosotros mismos? Si no hay fantasmas, no quiero *pensar* que los hay. Y si *hay* fantasmas, no quiero pensar que *no* los *hay*.

—¡Buena niña! —dice el abuelo—. Ahora estás pensando. Me gusta cuando dice eso.

IV

Mi abuelo y mi abuela han estado conversando por un buen rato con la mamá y el papá de Gus. Finalmente le oigo decir al papá de Gus: —Bien, entonces está todo arreglado. Ustedes viajarán en su auto con Bernardo y Suki y nosotros iremos en nuestro auto con Kio y Gus en el asiento trasero.

Toco a Gus disimuladamente con el codo y ella me responde con el suyo. ¡Todo salió tan fácil! Sin discusiones.

Mi abuelo lleva al papá de Gus a dar una vuelta por la granja y le muestra dónde estaba el granero antes de que se incendiara.

El padre de Gus dice: —Debe haber sido algo muy terrible.

El abuelo no dice nada.

—Esta cerca de *piedra* que usted tiene alrededor de la granja es excelente —dice el padre de Gus.

El abuelo dice: —Mi abuelo la construyó. Siempre que hacía algo, lo hacía bien.

El padre de Gus dice —Es hermoso el modo en que hizo calzar todas esas piedras.

—Es una buena cerca —replica mi abuelo—. Y hay un dicho que dice: 'Las buenas cercas hacen buenos vecinos', pero eso *no debe* ser así.

—Tiene razón, a veces los vecinos están mejor sin ninguna cerca entre ellos —dice el padre de Gus.

Yo digo: —A lo mejor todos deberían hacer viajes juntos.

—Me temo que eso sería forzar las cosas un poco —dice el abuelo.

Suki se sienta sobre la cerca de piedra, saca su block de notas y un lápiz y comienza a escribir.

Bernardo se sienta al lado de ella. —¡Hola, buena vecina! —le dice.

Suki no dice nada. Solo responde meneando un poco la cabeza y sigue escribiendo.

Le digo a Gus: —Sabes, hay amigos que no son vecinos y hay vecinos que no son amigos.

Gus piensa por un momento y dice —Pero si tú eres realmente, pero realmente buen vecino, ¿no podría *eso* convertirte en un amigo?

—Solo en una especie de amigo —digo—. Ven, vamos a la pradera.

Bernardo me mira como si estuviera contento de que nos fuéramos.

CAPÍTULO OCTAVO

I

Suki dice: —Kio, saca a Rorro.

Tomo a Rorro y gateo con él detrás del sofá. —No quiero salir —digo—, ¡Miaaau!

Suki dice —Rorro, tú deberías salir, porque tú sales *todas* las noches.

—¿Y eso, qué? ¿Qué clase de razón es *esa*?

—Bueno, Rorro, entonces, ¿por qué no quieres salir esta noche?

—Porque afuera está lloviendo y aquí está seco. ¡Miaaau!

—Oye, Rorro, eso es ridículo. ¡Cuando está lloviendo, tú te metes debajo del cobertizo!

—No esta noche.

—¡Pero Rorro, si a ti te *encanta* salir afuera!

—¿Cómo sabes *tú*?

—Rorro, ¿no estás *asustado*? ¿O sí?

—¿Quién? ¿Yo? ¡Por supuesto que no! Con lo único que me encuentro aquí es con un mapache viejo, una ardilla o, a lo mejor, un zorrino. Prefiero quedarme adentro esta noche. Necesito recuperar un poco de sueño.

—¡Rorro *fuera*!

—¡Oblígame! ¡Voy a enterrar mis garras en la alfombra y no podrás levantarme!

—¡Perfecto, si es eso lo que quieres que haga, eso es lo que voy a hacer!

—Eso es lo que siempre pasa. Solo porque eres más grande que yo.

—¡Rorro, no tienes razón!

—¡Sí, tengo razón! ¡Cada vez que se te acaban las razones, tú usas la fuerza!

—¡Rorro! ¡Eso no es verdad!

—¡Sí, sí lo es! ¡Tú crees que 'el poder hace el derecho'!

—Muy bien, Rorro. Haz lo que quieras. Quédate adentro esta noche, fíjate si me importa.

—No quiero quedarme adentro. Quiero salir.

—¡Ay, Rorro, siempre haces lo mismo! ¡Decídete de una vez por todas!

—¿Por qué tengo que hacerlo? ¡Soy un gato! ¡Miaaau!

II

Gus y yo vamos en el asiento trasero. El papá y la mamá de Gus van en el asiento delantero. Gus tiene un tablero y una cosa con la que hace marcas. —¿Para qué es eso? —le pregunto.

—En caso de que juguemos —dice—. Siempre que vamos en un viaje largo en auto, jugamos, y yo soy la que lleva la cuenta.

—Nosotros también lo hacemos —digo—. ¿A qué clase de juegos juegan *ustedes*?

—Mmmm, déjame pensar. ¿Conoces *Preguntas Tontas*?

—Pero, claro, sé un montón de preguntas tontas.

—No, yo me refería al *juego* llamado 'Preguntas Tontas'.

—No creo. ¿Cómo se juega?

—Todos los jugadores se turnan para hacer una pregunta —dice Gus—, pero la pregunta tiene que ser realmente tonta y, si no lo es, pierde un punto.

–¿Qué quieres decir con *realmente tonta*?–Bueno –dice Gus–, una pregunta es *realmente* tonta si no tiene sentido y no hay como responderla.

–Dame un ejemplo –le digo.

–Bueno, qué te parece esta: ¿Hace más calor en el verano o en China? ¿Ves? No tiene sentido y no hay manera de responderla. Trata tú con una y comencemos.

Pienso por un momento y digo: ¿Es Rorro mi abuelo o mi abuela?

Gus dice –Pierdes un punto. No hay nada malo en esa pregunta, y puedes contestarla diciendo Ninguno de los dos. Bueno, ahora es mi turno: ¿Cuándo una puerta no es una puerta?

Me río y digo: –Esa no es mejor que la mía, Gus. Sé que no tiene sentido, pero aún así, tiene respuesta: ¡una puerta no es una puerta cuando está entreabierta! Suki me enseñó eso una vez hace tiempo.

Gus dice –Entonces estamos empatados: un punto para cada uno. Aquí va otra: ¿En la selva, hay más leones o animales?

–Esa está buena –digo–. Mira qué te parece esta: ¿Cuál es la diferencia entre un pato?

–Oye, esa es una pregunta vieja. Sé la respuesta: es el hueco que deja entre sus dos patas.

–Qué te parece esta: ¿De qué clase de gansos viene el paso de ganso?

–¡Buena! –digo–. Y, a propósito, ¿cuál es la cuenta?

Gus se tienta de risa. –Hasta ahora íbamos empatados, uno a uno. ¡Pero ahora te voy ganando, porque lo que me preguntaste recién no era una pregunta tonta!

III

Después de un rato paramos a echar bencina. Salto fuera del auto gritando: –¡Parada para ir al baño!–. Gus dice: –Miaaau, ¿cómo se llega a la caja de arena?

Más tarde, Suki y Bernardo se van en el auto de los padres de él y nosotros nos subimos con la abuela y el abuelo. Mi abuelo dice: –La primera persona que vea una vaca se gana una moneda–. Casi de inmediato veo una vaca y me gano la moneda.

Entonces empezamos a jugar *Primera Persona:* la primera persona que ve una oveja, la primera persona que ve un cuervo sobre un poste de teléfono; cosas como esas.

Gus dice: –Está bien, sigan no más. No necesito jugar.

Después de un rato, digo: –Abuelo, cuando lleguemos a Puerto Williams, ¿*qué* le darás a la primera persona que vea una ballena?

El abuelo se mete la mano al bolsillo, saca una moneda y la levanta: –¡Una moneda de $500! ¡Anuncien si ven una ballena –dice– y se la ganarán!

La abuela mantiene los ojos sobre la carretera, porque está conduciendo, pero dice: –¿Por qué no la clavas sobre el mástil, como lo hacían en los viejos barcos balleneros?

Todo lo que el abuelo dice es –Ya, Raquel...–. Después se da vuelta y nos mira, y dice: –Está comenzando a oscurecer. ¡Una moneda para la primera persona que vea un hotel!

Apenas termina de pronunciar la última palabra cuando veo un letrero y grito: –¡Hotel El fogón!–. Extiendo la mano y obtengo mi moneda.

Gus había pasado tendida en su asiento, pero ahora se sienta muy derecha y pregunta: –¿Qué le darás a la primera persona que *oiga* a una ballena?

Le digo: −¡No seas tonta, Gus! No se puede oír a las ballenas.

−*Yo* las *he* oído −dice mi abuelo−. ¡Y a la primera persona que las oiga en este viaje la premiaré con $1.000!

Gus sonríe satisfecha mientras salimos del auto. Todavía se va riendo sola mientras me sigue por el camino hacia el hotel, afirmándose en mi codo.

−Ten cuidado con el escalón −le digo.

−Ten cuidado con el escalón −repite, imitándome.

IV

Llamo a Gus por el teléfono del hotel y nos encontramos en la terraza que está delante de nuestras habitaciones. −¡Ten cuidado! −le digo cuando se apoya en la baranda. Respira profundamente y dice: −Puedo oler el mar.

−También puedes escucharlo −le digo y le paso la caracola que he encontrado en el armario de mi pieza. Se la pone en el oído y dice riéndose −Eso no es realmente el sonido del mar.

−¿Qué es? −le pregunto.

−No sé −me dice.

Vuelve a levantar su cara y dice: −¿Hay luna esta noche, Kio?

−Sí, hay luna llena.

−¿Y se ven las estrellas? −quiere saber.

−El cielo está lleno de estrellas. Nunca he visto tantas −le cuento.

−El cielo −dice Gus−, constantemente me estoy haciendo preguntas sobre el cielo. Me lo imagino como un tejado grande y redondo, con muchos agujeros pequeños y detrás del tejado hay un fuego que hace que la luz brille a través de los agujeros. Ya sé que no es realmente así, pero no puedo imaginármelo de otra manera.

—Supongo que esa manera es tan buena como cualquier otra —le digo—. Sé que cada estrella es como el sol y que están muy, muy lejos de nosotros. Pero me resulta muy difícil hacerme una imagen de cómo es.

—Lo que yo no entiendo —dice Gus— es por qué la luna no es un planeta. Después de todo, da vueltas alrededor del sol igual que la tierra.

—Y si lo piensas así —le digo yo— ¿por qué el sol no es una estrella? Es de fuego como las estrellas. Está realmente caliente y tiene muchas llamas que salen de su superficie.

—¡Tonto! —dice Gus—. El sol es una estrella, Kio. Sé que el cielo no es como un techo lleno de agujeros. ¿Pero cómo es?

Durante un largo rato no sé qué decir. Pero entonces le digo: —Gus, ¿recuerdas la noche que fuimos a ver los fuegos artificiales?

—Sí —dice—. Me lo contaste todo sobre las explosiones y las chispas y cómo suben muy alto hacia el cielo y luego caen hacia el suelo.

—Muy bien —le digo—. El cielo es como si todas esas chispas estuvieran allí arriba colgadas, está lleno de chispas. Y además está la vía láctea, que se parece a un gran sendero de polvo de estrellas.

—Me resulta muy difícil imaginármelo sin conocer los colores, Kio —dice Gus moviendo la cabeza—. Pero quizás no me hagan falta los colores. Quizás me baste pensar en el cielo como algo lleno de estrellas de la misma manera en que mi mente está llena de pensamientos.

—¡Exacto! ¡Y quizás puedas pensar en que tu mente lanza pensamientos de la misma manera en que un fuego lanza chispas!

—Gracias, Kio —dice Gus con una voz muy suave que nunca antes le había oído utilizar.

Esa voz es la que sigue grabada en mi mente. Es como la que usa para decir mi nombre.

CAPÍTULO NOVENO

I

Después de comida el abuelo de Kio se va a la cama, mi papá se va a un sofá a ver televisión, y Suki y Bernardo les enseñan a la abuela de Kio y a mi mamá cómo jugar "Invasores del Espacio". Todos jugamos un rato; luego la abuela de Kio y mi madre se sientan cerca de la chimenea y el resto nos tiramos en el suelo.

—Abuela —dice Kio—, el abuelo parece diferente.

—Él *está* diferente.

—¿Cómo era él antes de que lo conociéramos? —pregunta mi mamá.

—En lo único que pensaba era en el trabajo. Y amaba por sobre todas las cosas su granero y a su hija.

—Mi mamá —dice Kio.

—Sí, tu mamá —le dice la abuela a Kio. Y se seca las lágrimas—. Ellos tuvieron una pelea por algo sin importancia y él ya no quiso hablar más con ella, ni sobre ella. Pero, después de que ella murió, ya no fue el mismo. Todavía siguió sin querer hablar sobre ella, pero ya no tuvo nunca más la misma alegría en su trabajo.

Suki dice: —Entonces se quemó el granero.

—Sí —dice la abuela de Kio—, entonces se quemó el granero y eso lo derrumbó. Por un año, casi no hablaba. A veces lo oía hablar consigo mismo, y solamente decía, 'Nunca', una y otra vez.

—Pero ahora está mejor —dice Kio.

—Sí, comenzó a estar mejor cuando tú, Suki y tu papá vinieron a visitarnos hace dos años, y ahora parece estar todavía mejor.

—Abuela.

—¿Qué hay, Kio?

—¿Tú le diste a Suki los poemas que mamá escribió?

—Sí, es cierto. Se los di. ¿Los has leído?

—He tratado, pero no los entiendo.

—Estoy segura de que Suki te podrá ayudar a comprender lo que significan.

—Bueno. No necesito entenderlos en este momento.

—¿Quieres decir que te basta con tener los poemas?

—Sí.

—¿Por qué, Kio?

—Porque son los pensamientos de mi mamá y no cambian.

La abuela de Kio se saca los anteojos y los limpia. Suki dice: —Abuela, el abuelo muchas veces parece estar como perdido en un sueño.

La abuela de Suki sonríe y dice —Sí, es verdad. Esperanza, tu mamá, también era así. A medida que pasa el tiempo se va poniendo cada vez más parecido a ella.

—Me temo que yo también soy así la mayor parte del tiempo —dice Suki.

Mi madre dice: —La gente lo llama 'estar absorto en sus pensamientos'.

Pienso para mis adentros: "¡Pero allí es justamente donde yo me encuentro a mí misma todos los días: en mis pensamientos!

II

Bernardo dice: —¡Adivina qué: va a haber un baile aquí en la posada esta noche!

—¿Cerveza y motocicletas? —pregunta mi papá. No se lo oye especialmente emocionado.

—Noooo —responde Bernardo—. ¡No va a ser para nada como eso! ¡Ya lo verás: todos van a estar aquí, los padres, los abuelos, los niños chicos, todos! Y habrá baile de cuadrillas.

—¡Ay, Bernardo! —le ruego—, ¡llévame a *mí*!

—*Todos* podemos ir —insiste Bernardo.

Y todos *vamos*. Hasta el abuelo baja cuando se entera sobre el baile. —Con todo ese ruido, de todos modos no habría podido dormir —refunfuña.

Y es exactamente tal como Bernardo dijo que sería. Hay bailes de cuadrillas, con familias completas bailando juntas; así que, naturalmente, mi familia y la familia de Kio también se unen al baile. El abuelo y la abuela de Kio, mi papá y mi mamá, Bernardo y Suki, y Kio y yo.

A continuación hay una competencia de violín y, después de eso, una competencia de guitarra, donde Bernardo obtiene el segundo premio.

Después hay un concurso de baile. Un hombre, que se parece al abuelo de Kio, toca el violín mientras baila.

—¡Qué agilidad! —exclama el abuelo de Kio—. ¡Eso estuvo magnífico!

—Mamá —susurro—. ¿Puedo ir arriba a cambiarme de ropa?

—¿Qué hay de malo con tu polera y tus jeans? —me pregunta.

—Nada, pero quiero ponerme mi tutú.

—¡Tu tutú! ¿Lo trajiste contigo?

—¡Por supuesto! Lo llevo a todas partes.

Mi mamá sube conmigo. —Ten cuidado con el primer peldaño —le digo—. Está bien alto.

Cuando volvemos al baile, hay una pareja de niños en la pista de baile "lanzándose uno al otro", como dice mi padre.

—¿Quién sigue? —grita el hombre del micrófono.

—*Yo* —digo, y corro al centro de la pista de baile—. Mi hermano Bernardo me acompañará en la guitarra —anuncio, aunque estoy segura que todos ya entienden—. Este baile es de *Billy the Kid*.

Es una danza que he bailado muchas veces en la casa, con un disco. En una parte galopo en círculo, como si estuviera montando a caballo. Oigo a Kio gritar, —¡Vamos, Tchaikovsky!

"¡Kio!", pienso mientras estoy bailando. "Me pregunto si él conoce este ballet. Es tan triste cuando matan a la madre de Billy". Termino el baile y me siento. Un montón de personas aplauden y quieren que yo regrese y haga otra cosa más, así es que vuelvo a la pista de baile.

Bernardo comienza a tocar "El baile del hada del azúcar" del *Cascanueces* en su guitarra, y oigo a Suki decir —¡Vamos, Tchaikovsky!—. Bailo en punta de pies, con los codos hacia afuera, y cuando oigo los murmullos de la multitud, sé que les gusta.

De nuevo me siento, y de nuevo me empujan a la pista de baile. Alguien grita: —¡*Encore, encore*!—. Es la primera vez que oigo esta palabra. Escucho la voz del abuelo de Kio que repite: —¡*Encore, encore*!

Así es que vuelvo y digo: —La última. Esta será una cosa divertida.

Bernardo dice —Estoy seguro de que todos conocen la música: es de Gottschalk.

Puedo darme cuenta, por los sonidos que escucho, que la gente se está divirtiendo por el baile cómico 'cakewalk' que hago.

—¡Oh, Gusi! —dice mi mamá cuando me siento—, ¡eso estuvo precioso!

Mi papá dice: —¡Los cautivaste, Gus!

Me vuelvo hacia Kio. —¿Te gustó? —le pregunto.

No responde de inmediato, pero cuando lo hace dice: —No podía creer lo que estaba pasando. Fue fantástico. Fue realmente hermoso.

Esto fue mucho más valioso para mí que el premio que obtuve y que todos los aplausos que recibí después.

III

De nuevo vamos en el asiento trasero del auto. La abuela de Kio va conduciendo. De pronto la abuela de Kio lleva el auto hacia la berma y para. El otro auto se detiene detrás de nosotros. El abuelo de Kio sale, levanta el capó del auto y dice —Es la maldita correa del ventilador. Sabía que tendría que haberla cambiado.

Mi papá y mi mamá van en auto a comprar una correa nueva para el ventilador. Nos sentamos a un costado del camino, sin nada que hacer más que esperar.

Kio me pregunta: —¿Cuántos dedos tengo en ambas manos?

—Diez —digo.

—¡Estás equivocada! Tengo once. Mira, los contaré al revés en mi mano izquierda: diez, nueve, ocho, siete, seis. ¿Está bien? Y hay cinco dedos en mi mano derecha. Así es que suma seis y cinco, y ¿qué obtienes? ¡Once!

Bernardo y Suki encuentran un sendero en el bosque que conduce a la cima de una colina, así es que Kio y yo vamos a explorar con ellos. Bernardo lleva su block de bocetos; no va a ninguna parte sin él.

Está mucho más fresco en el bosque. Muy luego llegamos a una cascada. Probablemente baja en escala –uno, dos, tres, cuatro peldaños–, hasta terminar en una piscina. Bernardo se detiene para hacer un croquis de la cascada, y lo esperamos.

Cuando termina, vamos a la cima de la colina. Hay un mirador, con una baranda. Kio dice que puede mirar hacia abajo y ver todas las colinas y valles. Y, mucho más lejos, puede ver el océano.

Bernardo hace otro boceto. Suki me explica que en el dibujo de Bernardo las tierras ondulan, como las olas en el mar.

Kio se vuelve hacia Suki y dice: –¡Suki, es hermoso!
–¿Por qué lo dices?
–Por la manera en que la tierra se levanta y cae; como si estuviera respirando.
–¿Qué más?
–Los colores... tantos matices diferentes de café y verde.
–¿Qué más?
–Cada campo tiene una forma diferente, pero todas encajan.
–¿Alguna otra cosa más?
–No estoy seguro, Suki, ¿siempre tenemos que dar razones cuando decimos que algo es hermoso?
–No, no necesariamente.
–Suki, si tú me dices que algo es hermoso, ¿debería creerte?
–Podrías, si confiaras en mí lo suficiente. Pero siempre deberías intentar descubrirlo por ti mismo.

—¿Y eso vale también para lo que es correcto y para lo que es verdadero?

—Puede ser. No estoy segura. Tendría que pensar sobre eso un poco más. Muchas veces, no tenemos más opción que aceptar las cosas basándonos en la confianza. Pero eso no debería impedirnos buscar razones. Y si las encontramos, tanto mejor.

Después de un rato bajamos de la colina. Volvemos justo cuando han terminado de poner la nueva correa del ventilador en el auto viejo y estamos listos para seguir.

El abuelo de Kio mira el cielo. —Esas son nubes de lluvia —dice—. Y si el tiempo está malo, los botes no saldrán.

Apostaría a que han habido cientos de veces que has deseado que no lloviera. Eso es lo que hago ahora. Deseo con toda mi fuerza y me digo a mí misma: "¡Por favor, que no llueva! *No podemos* perdernos las ballenas. ¡*No podemos*, de ninguna manera!".

IV

Estamos de vuelta en el auto. Kio ha estado callado por un rato, así es que le digo: —Kio, ¿qué estás haciendo?

—Leyendo.

—¿Qué estás leyendo?

—Un libro.

—¿Qué libro?

Kio suspira. —Se llama *Una noche en el Titanic*.

—¿Sobre qué es?

—Bueno, el Titanic fue un transatlántico que se hundió en el Atlántico. Esta historia la escribió un buzo que bajó y lo exploró.

—¡Oh, eso se oye emocionante! ¿Me lo podrías leer?

—Gus, voy en la *mitad*. ¿Tengo que regresar de nuevo hasta el comienzo?

—No, solo sigue desde donde vas, a mí no me importa.

Kio comienza a leer: —"En este momento estamos sumergidos en el casco delantero del barco".

—Kio —digo—, ¿qué es un casco?

—No estoy seguro. Pienso que es como un gran cuarto para almacenar lo que hay en el barco.

—Sigue.

Kio comienza a leer de nuevo: —"…cuando en un instante mi antorcha eléctrica se apaga. Estoy completamente a oscuras. No sé dónde está Jerry; tal vez está en el otro extremo del casco. Trato de ir a tientas pasando entre medio de unas enormes cajas de embalaje. Por último, encuentro a Jerry. Su pie está atrapado en un hoyo del piso".

—Sí, ya sé cómo es eso —digo—. Una vez, el año pasado, mi papá y mi mamá habían salido y Bernardo estaba durmiendo en su habitación, y yo sentí olor a humo, así es que fui a tientas a su pieza.

—¡Gus! —dice Kio—. ¿Cómo puedo leerte si tú sigues interrumpiendo? ¿Quieres o no quieres oír esta historia?

—Estaré en silencio —le digo—. Lee—. Pero para mí misma digo: "¡Maldito Titanic!".

V

Un poco después Kio se acurruca a su lado del asiento de atrás y se duerme un rato. Yo también me acurruco, pero no estoy dormida. Me quito los zapatos, cuento mis dedos y pienso en Rorro y en Tchaikovsky.

CAPÍTULO NOVENO

Me pregunto cómo sería si los gatos tuvieran el tamaño de los caballos y los caballos el tamaño de los gatos. Quizás fueron así alguna vez. Quizás Tchaikovsky tuvo un abuelo muy pequeñito.

No se escucha nada, excepto el ruido del motor y el sonido de las ruedas en la carretera. Paso las yemas de mis dedos por mis cejas, mi nariz, mi boca y mi barbilla. Todo está donde siempre. Todo está en su sitio.

Pienso en lo que siento al tocar la cara de mi mamá y lo que siento al tocar la cara de mi papá. Intento imaginar si mi nariz se parece más a la de él o a la de ella. La de él sobresale un poco más en el medio que la mía, y la de ella sobresale algo más al final.

Llevo puesta una pulsera que me regalaron el día de mi cumpleaños. No lleva perlas de verdad, son artificiales. Son todas iguales. Si fueran de verdad, cada una sería distinta.

Paso mi mente por mis pensamientos de la misma manera como paso los dedos por las perlas.

Mis pensamientos son solo míos, de nadie más. Y nadie más puede saber lo que pienso.

¡Se me ocurre una idea! ¡Así es como puedo ser diferente! Puedo escribir lo que pienso. Y cuando la gente lea lo que he escrito dirán: "Es Gus. No puede ser nadie más. ¡Qué distinta es a todos!".

Por lo menos, eso es lo que dirán los mayores. Pero quizás los niños que lean lo que he escrito no dirán nada. Quizás simplemente piensen que me parezco mucho a ellos en algunas cosas y que soy un poco diferente en otras.

CAPÍTULO DÉCIMO

I

Ya estamos aquí, en el puerto. No está lloviendo, pero está muy nublado y hay mucho viento. El mar está gris, verde y negro. Hay muchas olas.

Vamos al embarcadero donde están los botes. El abuelo le pregunta a un hombre sobre los botes turísticos. —No sale ninguno hoy día —le dice el hombre—. La tormenta no va a llegar por aquí hasta mañana, pero el tiempo ya no está muy bueno.

El papá de Gus dice: —Tiene que ser hoy. No puedo tomarme más días de vacaciones.

—Pueden probar con Pedro —dice el hombre—. Es un viejo pirata, pero sale casi con cualquier tipo de tiempo.

Puedo imaginarme exactamente cómo será Pedro. Me lo imagino con cara de malo, con un pañuelo alrededor de la cabeza, un aro en la oreja, un parche sobre el ojo y una espada en la mano.

Cuando por fin lo encontramos, no se parece para nada a lo que me había imaginado, excepto por la cara de malo. Además, tiene una voz áspera.

Gus se acerca a su papá y susurra: —¡Papi, ese hombre me da miedo!

El hombre dice que nos llevará mar adentro a ver a las ballenas, y que podemos llamarlo Pedro. Da la impresión de que está realmente enfermo.

—Parece que celebré demasiado anoche —dice.

—¿Qué celebró? —le pregunta mi padre—, ¿su cumpleaños?

Pedro se ríe. —Puede apostar su vida a que no fue eso. Ayer se cumplió un año desde que salí de… bueno, no importa.

Veo que mi abuelo y el papá de Gus se miran. Pero deciden seguir adelante. Así es que nos subimos al bote. Pedro desata las cuerdas que sujetan el barco al muelle, y ¡zarpamos!

—Abuela —le digo—, ¿te fijaste en el nombre del barco? ¡Tiene el mismo nombre de mi mamá! ¡Se llama Esperanza! La abuela asiente con la cabeza, pero me doy cuenta de que tiene problemas para acostumbrarse a estar en el agua. Hay grandes olas encrespadas que levantan el barco y después lo dejan caer a una hendidura. ¿Sabes cómo se siente estar en el mar? ¡Es como estar en una montaña rusa!

Después de un rato, apenas podemos ver la costa. —¡Busquen a las ballenas!— grita el abuelo. Forzamos nuestros ojos para ver, pero lo único que vemos es agua y espuma. El bote continúa agitándose de lado a lado, y cabeceando de adelante hacia atrás.

De repente, Gus tira de la manga del abuelo: —Oigo algo —dice.

Lo único que *yo* puedo oír es el gemido del viento.

—¿Qué escuchas, niña? —ruge el abuelo—. ¡Habla de una vez! ¿Qué escuchas?

—Es como si cantaran —dice Gus—. Es como el sonido de tres notas. La segunda es más alta que la primera y la tercera es más alta que la segunda, como esto: —y Gus le canta al abuelo. ¡Suena tan extraño!

—¡Eso es! —grita el abuelo—. ¡La escuchaste! ¡Es el sonido de la ballena!—. Hurga en su bolsillo y saca un billete de $1.000 pesos. Pero justo cuando se da vuelta para darle a Gus el billete, Suki, Bernardo y yo gritamos al mismo tiempo —¡Miren allá! Es...es...

Entonces nos quedamos de pie ahí mirando fijamente al mar, mientras el abuelo grita: —¡Tienen razón! ¡Hay algo allá! ¡Y no es solo una! ¡Hay un montón! ¡Son *ballenas*, eso es lo que son, *ballenas*!—. Y al decir eso, se mete de nuevo la mano al bolsillo y saca tres monedas, le da una a Suki, una a Bernardo y una a mí.

La abuela le acaricia el pelo a Gus y al mismo tiempo intenta decirle lo que ve: —¡Son tantas y parecen formar un gran círculo!

—¡Oh! —dice Gus.

La abuela continúa: —¡Nunca he visto nada semejante en mi vida! ¡Una de ellas acaba de saltar en este momento en el aire, como una locomotora que se lanzara hacia arriba en forma vertical, muy por encima del agua! ¡Ahora se zambulle nuevamente en el agua y desaparece! ¡Oh, Gus, esa enorme cabeza y ese enorme cuerpo tratando de alcanzar el cielo! ¡Nunca lo olvidaré!

El barco se dirige justo hacia las ballenas. Estamos acercándonos cada vez más y más a ellas. Estoy sin habla. Pero oigo a Suki decir: —¡Oh, Gus, oh, oh, hay algo enorme levantándose del agua justo frente a nosotros! Es como un tremendo submarino irrumpiendo desde el agua. ¡Es la ballena más grande y nuestro bote parece tan frágil en comparación con ella! ¡Miren el agua del mar que vierte de su espalda! ¡Todavía vamos avanzando directo hacia ella! ¡Si seguimos así, vamos a chocar con ella!

Me vuelvo para mirar a Pedro. ¡Se ha caído sobre el timón! ¡Está *realmente* enfermo! Mi abuelo lo ve al mismo tiempo que yo. Lo hace a un lado y gira el timón rápidamente.

El barco da vuelta muy lentamente. ¡Pero da vuelta justo a tiempo! Ahora nos estamos moviendo en la misma

dirección que la ballena, vamos avanzando por el costado de
ella, en dirección a su cabeza.

—¡Gus! —grito—. ¡La veo! ¡La veo! ¡Es la marca, justo
encima de su ojo!

Tomo la mano de Gus y, con mi dedo, dibujo la marca
sobre la palma de su mano, tal como la veo en la ballena.

Miramos a la ballena y ella nos mira a nosotros. Entonces se sumerge, pero no se hunde completamente. —¡Su cola
está derecha, asomándose fuera del agua!— le digo a Gus.
Por un largo minuto su cola se agita contra el cielo. Entonces desaparece de nuestra vista.

—¡Abuelo, era tu ballena! ¡Era Leviatán! —digo—. ¡Te
vio de nuevo!

—Así es, Kio —dice el abuelo.

—¡Te reconoció! ¡Te vio alejar el bote de ella!

—A lo mejor —dice el abuelo—. Me gustaría pensar que
fue así.

—¡Te sonrió! ¡yo la vi!

—Solo pareció sonreír.

El abuelo gira el timón para que regresemos a la costa.
Gus y su mamá se ponen a un lado del timón y yo me pongo
en el otro para que podamos ayudar. El abuelo dice: —Hijo,
tendremos bastante que contarle a tu padre cuando regrese
mañana—. Me mira y se sonríe.

Una ola rompe contra la proa del barco y el rocío salado
nos moja las caras. Presiono mi cara contra el chaleco del
abuelo, es el nuevo, el que la abuela le estuvo tejiendo todo
el verano.

Mientras nos acercamos al muelle, digo: —Gus, esas
tres notas que oíste ¿significan algo en el lenguaje de las
ballenas? ¿Estaban tratando de decirnos algo?

—¡Por supuesto! —dice Gus—. Estaban diciendo: "Por
favor, por favor, por favor".

II

Bueno, tú querías saber lo que hicimos este verano. ¿Te gustó nuestra historia?

Made in the USA
Monee, IL
20 July 2020